MANSO

&

HUMILDE

DANE ORTLUND

MANSO

&

HUMILDE

O coração de Cristo para quem
peca e para quem *sofre*

Publicado originalmente em inglês por Crossway Books como *Gentle and Lowly: The Heart of Christ for Sinners and Sufferers* por Dane Ortlund. Copyright © 2020 por Dane C. Ortlund. Traduzido e publicado com permissão da Crossway Books. Todos os direitos reservados.

Copyright da tradução © Pilgrim Serviços e Aplicações LTDA., 2021.

Todas as citações bíblicas foram extraídas da versão *Almeida Século 21* (A21), salvo indicação em contrário.

Os pontos de vista dessa obra são de responsabilidade dos autores e colaboradores diretos, não refletindo necessariamente a posição da Pilgrim Serviços e Aplicações, da Thomas Nelson Brasil ou de suas equipes editoriais.

Editor e tradutor: *Guilherme Cordeiro Pires*
Revisor: *Arthur Guanaes, Talita Neres e Cristina Ignacio*
Capa: *Larissa Flores*
Diagramação: *Marcos Jundurian e Filigrana*

Dados Internacionais de Catalogação na Publicação (CIP)

O89m	Ortlund, Dane C.
1. ed.	Manso e humilde : o coração de Cristo para quem peca e para quem sofre / Dane C. Ortlund; tradução de Guilherme Cordeiro Pires. – 1.ed. – Rio de Janeiro: Thomas Nelson Brasil: São Paulo: Pilgrim, 2021.
	224 p.; 13,5 x 20,8 cm.
	Título original: Gentle and lowly: the heart of Christ for sinners and sufferers.
	ISBN 978-65-56894-38-6; 978-65-56893-73-0
	1. Bíblia – Ensinamentos. 2. Cristianismo. 3. Jesus Cristo. 4. Teologia cristã. 5. Vida cristã. I. Pires, Guilherme Cordeiro.
09-2021/40	CDD 248.4

Índice para catálogo sistemático:
1. Vida cristã 248.4
Aline Graziele Benitez – Bibliotecária - CRB - 1/3129

Todos os direitos reservados a Pilgrim Serviços e Aplicações LTDA.
Alameda Santos, 1000, Andar 10, Sala 102-A
São Paulo — SP — CEP: 01418-100
www.thepilgrim.com.br

𝒫 Pilgrim

Sua biblioteca gigante pelo preço de um livro!*

Na Pilgrim você encontra mais de 6.000 **audiobooks, e-books, cursos, palestras, resumos e artigos** que vão equipar você na sua jornada cristã.

Comece aqui!

*Considerando um livro baratinho ;)

Para Hope
Lucas 18.16

Como um pai ele nos livra
Sabe bem quão frágil somos
Nos sustenta gentilmente e
Resgata dos inimigos.

H. F. Lyte, 1834

Sumário

Introdução 13

1. O seu próprio coração.......................... 17

2. O seu coração em ação......................... 25

3. A felicidade de Cristo......................... 35

4. Que pode se compadecer..................... 43

5. Ternamente................................. 51

6. De modo nenhum o lançarei fora.................... 59

7. O que nossos pecados suscitam................ 69

8. Perfeitamente............................ 79

9. Um advogado............................ 89

10. A beleza do coração de Cristo 97

11. A vida emocional de Cristo 105

12. Um terno amigo 115

13. Para que serve o Espírito?................ 123

14. Pai das misericórdias................... 129

15. A sua obra "natural" e a sua obra "estranha"........ 137

16. Senhor, Senhor 147

17. Os seus caminhos não são os nossos 157

18. Entranhas comovidas... 165

19. Rico em misericórdia... 173

20. Nossos corações de legalidade e seu coração
de liberalidade.. 183

21. Ele nos amou naquela época, ele nos
amará agora... 191

22. Até o fim... 199

23. Enterrados no seu coração para sempre.............. 207

Epílogo.. 217

Agradecimentos... 219

Introdução

Este livro trata sobre o coração de Cristo. Quem é ele? Quem é ele, *de verdade*? O que é mais natural para ele? O que acende dentro dele mais imediatamente quando ele olha para quem peca e quem sofre? O que sai mais desimpedida e instintivamente dele? Quem *é* ele?

Este livro foi escrito para os decepcionados, os frustrados, os cansados, os desiludidos, os cínicos e os vazios. É para quem está por um fio. É para quem a vida cristã é como subir uma escada rolante em sentido contrário. É para quem se vê pensando: "Como pude estragar tudo — de novo?". É para tratar aquela crescente suspeita de que Deus já está perdendo a paciência conosco. É para quem sabe que Deus o ama, mas suspeita que ele esteja terrivelmente decepcionado. É para quem conta a outras pessoas sobre o amor de Cristo, mas ainda se pergunta se Cristo não guarda um leve ressentimento contra si. É para quem se pergunta se já naufragou a própria vida e agora não tem volta. É para quem está convencido de que diminuiu permanentemente sua utilidade para o Senhor. É para quem já perdeu o chão com dores inimagináveis e se pergunta como se pode viver em trevas que parecem nos paralisar. É para quem olha para a vida e pensa que a única forma de interpretar os fatos é concluir que Deus é, no mínimo, econômico com o que ele dá.

Em outras palavras, este livro foi escrito para cristãos normais. Em resumo, foi escrito para quem peca e para quem sofre. Como Jesus se sente perto dessas pessoas?

Isso pode parecer estranho. Será que estamos humanizando demais Jesus, falando dos sentimentos dele dessa forma? De outra perspectiva, como o coração de Cristo se relaciona com a doutrina da Trindade — será que Cristo se relaciona conosco diferentemente de como o Pai ou o Espírito se relacionam conosco? Ou já passamos dos limites se perguntamos o que é mais central para quem Cristo é? E como o coração dele se relaciona com a ira dele? Mais uma coisa, como o coração de Cristo se encaixa com o que vemos no Antigo Testamento e na sua apresentação de Deus?

Essas questões não são apenas legítimas, elas são necessárias. Logo, vamos ter o devido cuidado teológico. Porém, a maneira mais segura de garantir a fidelidade teológica é seguir de perto o texto bíblico. Então, vamos simplesmente perguntar o que a Bíblia diz sobre o coração de Cristo e considerar a glória do seu coração para os altos e baixos de nossa vida.

Mas não somos os primeiros, nem os mais inteligentes, leitores da Bíblia. Ao longo de toda a história da igreja, Deus levantou mestres singularmente dotados e sábios para nos guiar nos pastos verdejantes e nas águas de descanso de quem Deus é em Cristo. Um período histórico especialmente concentrado é a Inglaterra do século 17 durante a era puritana. Este livro sobre o coração de Cristo não existiria se eu não me deparasse com os puritanos, especialmente Thomas Goodwin. Foi Goodwin mais do que qualquer outra pessoa que abriu os meus olhos para quem Deus é em Cristo, de modo mais natural e fluido, para instáveis pecadores. Contudo, Goodwin e outros autores citados neste livro, como Sibbes e Bunyan, são meros canais, não fontes. A Bíblia é a fonte. Eles estão apenas nos mostrando com peculiar clareza e sagacidade o que a Bíblia tem nos contado o tempo todo sobre quem Deus realmente é. Assim, a estratégia deste livro será simplesmente tomar uma passagem bíblica, ou um pouco do ensino dos puritanos ou de outros teólogos, e considerar o que se diz sobre o coração de Deus e de Cristo. Vamos considerar os profetas Isaías e Jeremias, os apóstolos Paulo e João, os puritanos Goodwin, Sibbes, Bunyan e Owen, e outros autores, como Edwards, Spurgeon e Warfield, a fim de nos abrirmos para o que eles nos dizem sobre o coração de Deus e o coração de Cristo. A questão principal é: quem ele *é*? Haverá um desenrolar natural do livro de um capítulo para o outro, mas não será um argumento se desdobrando logicamente. Será como olhar o único diamante do coração de Cristo a partir de vários ângulos diferentes.

Uma coisa é perguntar o que Cristo fez. E há muitos livros bons sobre isso. Veja, por exemplo, *A cruz de Cristo*, de John Stott,[1] ou *Pierced for Our Transgressions* [Ferido por nossas transgressões], de Jeffery, Ovey e Sach,[2] ou *Christ Crucified* [Cristo crucificado], de Macleod,[3] ou o artigo seminal de Packer, em 1974;[4] ou uma dúzia de outras abordagens históricas e contemporâneas notáveis. O nosso foco não está no que Cristo fez. Estamos considerando quem ele é. As duas questões estão interligadas e, na verdade, são interdependentes. Mas elas são distintas. O evangelho nos oferece não apenas exoneração da Lei — indiscutivelmente, uma preciosa verdade! —, como

---

1   STOTT, John R. *A cruz de Cristo*. São Paulo: Vida, 2006.

2   JEFFERY, OVEY & SACH. *Pierced for our Transgressions:* Recovering the Glory of Penal Substitution. Wheaton: Crossway, 2007.

3   MACLEOD, Donald. *Christ Crucified*: Understanding the Atonement. Downers Grove: InterVarsity Press, 2014.

4   PACKER, J.I. "What Did the Cross Achieve? The Logic of Penal Substitution" *Tyndale Bulletin*. V. 25, a. 1974, p. 3-45.

também nos arrebata para dentro do coração do próprio Cristo. Você pode saber que Cristo morreu e ressuscitou por você para limpá-lo de todo pecado; mas você sabe como ele, do fundo do coração, é por você? Você vive com uma consciência não só da obra expiatória dele pela sua pecaminosidade, mas também do coração dele que anseia por você, mesmo em meio a sua pecaminosidade?

Uma esposa pode falar muito sobre o marido — sua altura, a cor de seus olhos, seus hábitos alimentares, sua formação, seu emprego, sua habilidade nas tarefas domésticas, seu melhor amigo, seus hobbies, seu perfil no teste de "16 personalidades", seu time de futebol. Mas o que ela pode dizer sobre aquele olhar carregado dele ao jantarem no seu restaurante favorito? Sobre aquele olhar que reflete anos de um relacionamento cada vez mais profundo, milhares de conversas e discussões pelas quais eles passaram (em segurança), uma calma amadurecida pelo tempo da certeza de um ombro amigo, venha o que viver? Aquele vislumbre que fala sobre a proteção amorosa dele num instante mais claramente do que mil palavras? Em resumo, como ela pode comunicar para outra pessoa o que está no *coração* do seu marido?

Uma coisa é descrever a fala, o comportamento e a aparência do seu marido. É outra coisa, bem mais profunda e real, descrever o coração dele para você.

É o mesmo com Cristo. Uma coisa é saber as doutrinas da encarnação, da expiação e centenas de outras doutrinas vitais. Outra coisa, bem mais reveladora, é saber sobre o que está no coração dele para com você.

Quem é ele?

1

O seu próprio coração

Sou manso e humilde de coração.

MATEUS 11.29

O MEU PAI me contou algo que Charles Spurgeon mostrou para ele. Nos quatro Evangelhos recebidos por nós, Mateus, Marcos, Lucas e João — oitenta e nove capítulos do texto bíblico —, só há um lugar em que Jesus fala sobre o seu coração.

Lemos muito nos quatro Evangelhos sobre o ensinamento de Cristo. Aprendemos sobre o seu nascimento, ministério e seus discípulos. Ficamos sabendo de suas viagens e seus hábitos de oração. Encontramos discursos longos e repetidas objeções de seus ouvintes, levando a mais ensino. Lemos sobre a forma como ele entendia estar cumprindo todo o Antigo Testamento. E lemos em todos os quatro relatos sobre sua prisão injusta, sua morte vergonhosa e sua surpreendente ressurreição. Considere as milhares de páginas que foram escritas por teólogos pelos últimos dois mil anos sobre tudo isso.

Mas em apenas um lugar — talvez as palavras mais poderosas jamais pronunciadas por lábios humanos — ouvimos o próprio Jesus abrir o seu próprio coração para nós:

Vinde a mim, todos os que estais cansados e sobrecarregados, e eu vos aliviarei. Tomai sobre vós o meu jugo e aprendei de mim, que sou manso e humilde de coração; e achareis descanso para a vossa alma. Porque o meu jugo é suave, e o meu fardo é leve (Mt 11.28-30).[1]

No único lugar da Bíblia em que o Filho de Deus nos leva para trás dos bastidores e nos permite ver o cerne de quem ele é, não lemos que ele é "austero e exigente de coração". Não lemos que ele é "exaltado e digno de coração". Nem mesmo que ele é "alegre e generoso de coração". Nos próprios termos de Jesus, a sua alegação surpreendente é que ele é "manso e humilde de coração".

Para deixar claro de início, quando a Bíblia fala do coração, quer no Antigo quer no Novo Testamento, não trata da nossa vida emocional apenas, mas do centro vibrante de tudo que fazemos. É o que nos tira da cama pela manhã e o que sonhamos acordados logo depois de acordar. É o quartel-general da nossa motivação. Em termos bíblicos, o coração não é parte de quem nós somos, mas o centro de quem nós somos. O nosso coração é o que nos define e direciona. É por isso que Salomão nos diz "acima de tudo que se deve guardar, guarda o teu coração, porque dele procedem as fontes da vida" (Pv 4.23).[2] O coração trata da vida. É o que nos torna os seres humanos que somos

---

1　　Mt 11.29 era o versículo bíblico favorito do reformador alemão Filipe Melâncton. Ver BAVINCK, Herman. "John Calvin: A Lecture on the Occasion of His 400th Birthday". Trad. John Bolt. *The BavinckReview*. V. 1, 2010, p. 62.

2　　Outro puritano, John Flavel, dedicou um tratado inteiro a este versículo e a estratégias para guardar o coração: FLAVEL, John. *Keeping the Heart: How to Maintain Your Love for God*. Fearn: Christian Focus, 2012.

individualmente. O coração motiva tudo que fazemos. É o que nós somos.[3]

Quando Jesus nos conta o que o motiva lá no fundo, o que é mais verdadeiro sobre ele — quando ele expõe os recantos mais íntimos do seu ser — o que encontramos é isto: manso e humilde.

Quem poderia inventar um Salvador desses?

❧

"Sou manso..."

A palavra grega traduzida como "manso" aqui ocorre três outras vezes no Novo Testamento: na primeira bem-aventurança, "os *mansos* herdarão a terra" (Mt 5.5); na profecia, em Mateus 21.5 (citando Zc 9.9), Jesus é o rei que "vem a ti, *humilde* e montado num jumento, num jumentinho"; e no encorajamento de Pedro a esposas para cultivarem antes de tudo "o íntimo do coração, com um espírito *gentil* e tranquilo, que não perece e tem muito valor diante de Deus" (1Pe 3.4). Manso. Humilde. Gentil. Jesus não é esquentadinho. Não é duro, reacionário, facilmente irritável. Ele é a pessoa mais compreensiva do universo. A postura mais natural para ele não é um dedo apontado, mas braços abertos.

"... e humilde ..."

O sentido da palavra "humilde" se sobrepõe ao de "manso", revelando juntas uma realidade singular sobre o coração de Jesus. A palavra específica *humilde* geralmente se traduz assim no Novo Testamento, como em Tiago 4.6: "Deus se opõe aos arrogantes, porém dá graça aos *humildes*". Entretanto, tipicamente, por todo o Novo Testamento, a palavra grega se refere

---

3   Uma abordagem excelente sobre o ensino bíblico sobre o coração nesse sentido é TROXEL, Craig. *De todo o coração: orientando sua mente, desejos e vontade para Cristo*. São Paulo: Pilgrim, 2021.

não à humildade enquanto virtude, mas à humildade no sentido de privação ou de ser rebaixado pelas circunstâncias de vida (que também é como a palavra grega geralmente é utilizada ao longo de todas as versões gregas do Antigo Testamento, especialmente em Salmos). No cântico de Maria, quando grávida de Jesus, por exemplo, essa palavra é utilizada para falar da forma como Deus exalta os de condição humilde (Lc 1.52). Paulo usa a palavra quando nos diz: "não sejais orgulhosos, mas prontos a acompanhar os humildes" (Rm 12.16), referindo-se aos que não impressionam socialmente, que não são o centro das atenções na festa, mas aqueles dos quais o anfitrião desvia os olhos quando chegam.

O ponto de dizer que Jesus é humilde é que ele é *acessível*. Com toda sua glória resplandecente e santidade atordoante, sua suprema singularidade e alteridade, ninguém na história humana foi mais abordável que Jesus Cristo. Sem pré-requisitos. Sem obstáculos. Warfield, ao comentar Mateus 11.29, escreveu: "Não houve impressão mais profunda na consciência de seus discípulos durante sua manifestação terrena que a nobre humildade de seu temperamento."[4] O requisito mínimo para entrar no abraço de Jesus é simples: abra-se para ele. É tudo que ele precisa. Na verdade, é a única coisa com que ele trabalha. Mateus 11.28 nos fala explicitamente de quem se qualifica para a comunhão de Jesus: "todos os que estais cansados e sobrecarregados". Você não precisa descansar e se recompor e só depois vir a Jesus. O seu próprio fardo é o que lhe qualifica para vir. Sem pagamentos na entrada; ele já diz: "e eu lhes darei descanso" (NBV). O descanso dele é um presente, não uma transação. Quer você esteja ativamente

---

4   WARFIELD, B.B. *The Person and Work of Christ*. Oxford: Benediction Classics, 2015, p. 140.

trabalhando duro para aparar as pontas da sua vida ("cansados"), quer se encontre passivamente oprimido por algo fora do seu controle ("sobrecarregados"), o desejo de Jesus Cristo de que você encontre descanso, de que você saia dessa tempestade, é maior do que o seu.

"Manso e humilde". De acordo com o testemunho dele mesmo, isso resume o próprio coração de Cristo. Ele é assim. Terno. Aberto. Acolhedor. Prestativo. Compreensivo. Disposto. *Se tivéssemos de dizer quem Jesus é numa única frase, honraríamos o ensino do próprio Jesus caso respondêssemos: manso e humilde.*

Se Jesus tivesse um site próprio, a declaração mais proeminente na página "Sobre mim" seria: MANSO E HUMILDE DE CORAÇÃO.

Ele não é assim com todo mundo, indiscriminadamente. Ele é assim para quem vai a ele, toma o seu jugo, implora por sua ajuda. O parágrafo antes dessas palavras descreve como Jesus trata os impenitentes: "Ai de ti, Corazim! Ai de ti, Betsaida! [...] eu te digo que, no dia do juízo, haverá menos rigor para a terra de Sodoma do que para ti" (Mt 11.21,24). "Manso e humilde" não quer dizer "mole e hesitante".

Entretanto, para o penitente, o seu coração de abraço gentil nunca é superado por nossos pecados, pontos cegos, inseguranças, dúvidas, ansiedades e falhas, pois a mansidão humilde não é uma das formas como Jesus ocasionalmente se comporta conosco. A mansidão é o que ele é. É o coração dele. Ele não pode deixar de ser manso para com os seus mais do que eu ou você podemos mudar a cor de nossos olhos. É como nós somos.

A vida cristã vem inescapavelmente com trabalho e labor (1Co 15.10; Fp 2.12-13; Cl 1.29). O próprio Jesus deixou isso bem claro no mesmo Evangelho (Mt 5.19-20; 18.8-9). Sua promessa aqui em Mateus 11 é "o descanso para as almas", não "o descanso para os corpos". Mas toda a labuta cristã flui da comunhão com o Cristo vivo, cuja realidade transcendente e definitiva é: mansa e humilde. Ele nos surpreende e nos sustenta com sua infinita bondade. Apenas quando vamos mais fundo nessa gentileza afetuosa é que podemos viver a vida cristã como o Novo Testamento exige de nós. Apenas quando nos enchermos da ternura do coração de Cristo poderemos exalar, onde quer que estivermos, o aroma do céu, e morreremos um dia deixando no mundo lampejos da ternura divina, que é grande demais para ser impedida pelo que merecemos.

A noção de gentileza está bem aqui nessa passagem. A palavra "suave", na expressão "Meu jugo é suave", precisa ser entendida com cuidado. Jesus não está dizendo que a vida será livre de dor e dificuldades. A mesma palavra em outro lugar é traduzida como "bondoso" — como, por exemplo, em Efésios 4.32: "sede bondosos e tende compaixão uns para com os outros" (cf. Rm 2.4). Considere o que Jesus está dizendo. O jugo é a trave pesada posta sobre o gado para que ele carregue o equipamento agrícola pelo campo. Jesus está usando uma espécie de ironia, dizendo que o jugo posto sobre os discípulos não é um jugo, pois é um jugo de gentileza. Quem poderia resistir a isso? É como dizer a um homem que está se afogando que ele deve pôr sobre os ombros o fardo de uma boia salva-vidas, e ouvir de volta ele dizendo: "De jeito nenhum! Eu não! Já está difícil demais aqui, me afogando nessas águas revoltas. A última coisa de que eu preciso é uma boia nas minhas costas!". É assim que todos nós somos, confessando Cristo com nossos lábios, mas na maior parte do tempo evitando um relacionamento profundo com ele, por causa de um entendimento errôneo de seu coração.

O jugo dele é suave e o fardo dele é leve. Isto é, o seu jugo não é jugo e o seu fardo não é fardo. Assim como o gás hélio carrega um balão, o jugo de Jesus o faz com seus seguidores. Flutuamos pela vida com sua mansidão sem fim e sua humildade supremamente acessível. Não é que ele simplesmente nos encontra em nossa necessidade; ele vive na nossa necessidade. Ele nunca se cansa de nos arrebatar para seu terno abraço. É o próprio coração dele. É isso que o faz levantar da cama de manhã.

Não é assim que pensamos intuitivamente sobre Jesus Cristo. Refletindo sobre essa passagem em Mateus 11, o velho pastor inglês Thomas Goodwin nos ajuda a adentrar no que Jesus realmente está dizendo:

> Os homens podem ter ideias contrárias acerca de Cristo, mas ele lhes diz de sua disposição aqui, prevenindo pensamentos duros demais sobre ele, a fim de atraí-los melhor a si. Tendemos a pensar que ele, de tão santo, é, portanto, severo e indisposto contra pecadores, e incapaz de aguentá-los. "Não", diz ele, "sou manso; a gentileza é a minha natureza e o meu temperamento."[5]

Projetamos em Jesus os nossos instintos distorcidos sobre como o mundo funciona. A natureza humana dita que, quanto mais rica uma pessoa, mais fácil será para ela desprezar os pobres. Quanto mais bonita for a pessoa, mais disposta ela será a rejeitar o feio. E, sem perceber o que estamos fazendo, tranquilamente assumimos que alguém tão elevado e exaltado teria uma dificuldade correspondente de atrair os desprezíveis e os impuros. É claro, Jesus se aproxima de nós, concordamos — mas ele vem com o nariz tampado. Esse Cristo ressurreto, afinal, é aquele a quem "Deus exaltou sobremaneira", aquele

---

5   GOODWIN, Thomas. *The Heart of Christ*. Edinburgh: Banner of Truth, 2011, p. 63.

diante de quem todo joelho dobrará em submissão (Fp 2.9-11). É ele quem tem olhos "como uma chama de fogo", cuja voz é "como a voz de muitas águas", que tem uma "espada afiada de dois gumes" saindo de sua boca e cujo rosto brilha "como o sol no seu fulgor" (Ap 1.14-16). Em outras palavras, ele é tão inexprimivelmente brilhante que seu resplendor não pode ser adequadamente capturado por palavras, tão inefavelmente magnífico que toda linguagem morre perante o seu esplendor.

É ele cujo coração, lá no fundo, mais do que qualquer outra coisa, é manso e humilde.

Goodwin está dizendo que esse alto e santo Cristo não se enoja ao alcançar e tocar pecadores imundos e sofredores esmorecidos. Tal abraço é justamente o que ele ama fazer. Ele não consegue aguentar. Nós naturalmente pensamos que Jesus nos toca assim como um menininho encosta numa lesma pela primeira vez — rosto retorcido, cautelosamente estendendo a mão, gemendo de nojo ao toque e tirando a mão depressa. Vemos o Cristo ressurreto se aproximando de nós de "modo severo e indisposto", como diria Goodwin.

É por isso que precisamos de uma Bíblia. A nossa intuição natural somente nos dá um Deus como nós. O Deus revelado na Escritura descontrói as nossas predileções intuitivas e nos impressiona com aquele cuja infinidade de perfeições só se compara à infinitude de sua mansidão. De fato, as suas perfeições *incluem* a sua perfeita mansidão.

Ele é assim. Esse é o próprio coração dele. Foi Jesus quem disse.

> Vinde a mim, todos os que estais cansados e sobrecarregados, e eu vos aliviarei. Tomai sobre vós o meu jugo e aprendei de mim, que sou manso e humilde de coração; e achareis descanso para a vossa alma. Porque o meu jugo é suave, e o meu fardo é leve.

2

O seu coração em ação

Teve compaixão deles.
Mateus 14.14, NVI

O que vemos Jesus declarar em palavras em Mateus 11.29, nós o vemos provar em ações vez após outra em todos os quatro Evangelhos. O que ele é, ele faz. Ele não pode agir de outra maneira. A sua vida comprova o seu coração.

- Quando o leproso disse, "Senhor, se quiseres, podes purificar-me", Jesus imediatamente estendeu a sua mão e o tocou, pronunciando as palavras: "Quero; sê purificado" (Mt 8.2-3). O verbo "querer", tanto no pedido do leproso quanto na resposta de Jesus, corresponde à palavra grega para anseio ou desejo. O leproso perguntou qual era o desejo mais profundo de Deus. E Jesus revelou o seu desejo mais profundo curando-o.

- Quando um grupo de homens traz seu amigo paralítico a Jesus, Jesus mal espera que eles digam o que querem: "Vendo a fé que possuíam, Jesus disse ao paralítico: Ânimo, filho; os teus pecados estão perdoados" (Mt 9.2). Antes de eles abrirem a boca para pedir ajuda, Jesus não conseguiu se segurar — palavras de segurança e conforto lhe escaparam.

- Viajando de cidade em cidade: "Vendo as multidões, compadeceu-se delas, porque andavam atribuladas e abatidas, como ovelhas que não têm pastor" (Mt 9.36). Então, ele os ensina e cura as suas enfermidades (Mt 9.35). Ao simplesmente ver a miséria das multidões, a sua piedade se acende.

- Essa compaixão se manifesta abundantemente mais de uma vez no ministério de Cristo, levando-o a curar os doentes ("teve compaixão dela e curou os enfermos", Mt 14.14), alimentar os famintos ("Tenho compaixão desta multidão, porque já faz três dias que está comigo; eles não têm o que comer", Mt 15.32), ensinar as multidões ("teve compaixão dela [...] e começou a ensinar-lhes muitas coisas", Mc 6.34) e enxugar as lágrimas dos enlutados ("Logo que a viu, o Senhor se encheu de compaixão por ela e disse-lhe: Não chores", Lc 7.13). A palavra grega para "compaixão" é a mesma em todos esses textos e se refere mais literalmente às entranhas ou vísceras de uma pessoa — uma maneira antiga de se referir ao âmago de alguém. Essa compaixão reflete o que há de mais profundo no coração de Cristo.

- Duas vezes nos Evangelhos, lemos que Jesus não aguentou e chorou. Em nenhum dos dois casos, ele está triste por causa de seus próprios problemas. Em ambos os casos, é por causa de outras pessoas — em um, é Jerusalém (Lc 19.41) e, no outro, é por seu falecido amigo, Lázaro (Jo 11.35). Qual era a sua maior angústia? A angústia dos outros. O que fazia o seu coração transbordar em lágrimas? As lágrimas dos outros.

- Vez após outra, são os moralmente nojentos, os socialmente desprezados, os inescusáveis e indignos que não só recebem a misericórdia de Cristo, mas *são a quem Jesus mais naturalmente se inclina.* Como seus inimigos disseram, ele é "amigo de pecadores" (Lc 7.34).

Quando vemos os Evangelhos como um todo e consideramos a descrição completa de quem Jesus é, o que mais se destaca?

Sim, ele é o cumprimento das esperanças e anseios do Antigo Testamento (Mt 5.17). Sim, ele é aquele cuja santidade faz com que até seus amigos se curvem de medo, cientes da própria pecaminosidade (Lc 5.8). Sim, ele é um mestre poderoso, cuja autoridade superava até a dos doutores do seu tempo (Mc 1.22). Diminuir qualquer um desses aspectos é violar a vital ortodoxia histórica. Mas a nota dominante que ressoa em nós depois de lermos os Evangelhos, o elemento mais vívido e mais arrebatador de sua descrição, é a forma como o Santo Filho de Deus alcança, cura, abraça e perdoa aqueles que menos merecem, mas que verdadeiramente o querem.

O puritano Richard Sibbes colocou desta forma: "Quando [Cristo] viu as pessoas na miséria, suas entranhas se comoveram dentro dele; as obras da graça e da misericórdia de Cristo primeiro passaram por suas entranhas". Isto é, "tudo que Jesus fez [...] ele fez por amor, e graça, e misericórdia" — mas então Sibbes se aprofunda mais — "ele o fez interiormente, a partir de suas entranhas".[1] O Jesus descrito para nós nos Evangelhos

---

1   SIBBES, Richard. *The Church's Riches by Christ's Poverty.* In: GROSART, A.B. *The Works of Richard Sibbes.* 7 vols. Edinburgh: Banner of Truth, 1983, 4:523.

não simplesmente nos ama, mas também é amor; as suas afeições misericordiosas fluem do íntimo de seu coração como os raios de luz fluem do sol.

Mas e o lado mais duro de Jesus?

J.I. Packer certa vez escreveu que "uma meia-verdade se disfarçando de verdade completa se torna uma total inverdade".[2] Esse ponto é especialmente sensível quando tratamos da revelação bíblica sobre Cristo. As heresias da história da igreja não são caracterizações completamente erradas de Jesus, mas simplesmente enviesadas. As controvérsias cristológicas dos primeiros séculos da era cristã afirmavam toda a doutrina cristã básica, exceto um único elemento vital — às vezes, a verdadeira humanidade de Cristo, às vezes, a sua verdadeira divindade. Corremos o risco, ao falar do coração de Cristo, de negligenciar a sua ira? De extrair um lado de Cristo e negligenciar o outro?

Talvez para muitos de nós o risco seja mais sutil que a heresia explícita. Podemos ser completamente ortodoxos na nossa teologia, mas gostarmos, por uma série de motivos, mais de um aspecto de Jesus que de outro. Alguns podem ter sido criados numa casa cheia de regras rígidas que os sufocavam com uma impressão insuportável de nunca serem bons o suficiente. Assim, a graça e a misericórdia de Cristo se tornam mais atraentes. Outros podem ter crescido num ambiente caótico de cada um por si, de modo que a estrutura e a ordem de uma vida moralmente delimitada segundo os mandamentos de Cristo sejam de especial interesse. Outros podem ter

---

2   PACKER, J.I. *A Quest for Godliness: The Puritan Vision of the Christian Life*. Wheaton: Crossway, 1990, p. 126.

sido duramente maltratados por quem deveria protegê-los e anseiam pela justiça e retribuição do céu e do inferno para endireitar todas as injustiças.

Ao focarmos no afetuoso coração de Cristo, como podemos garantir que estaremos crescendo num entendimento saudável de todo o conselho de Deus, tendo uma visão abrangente, e, portanto, balanceada, de quem Cristo é?

Três comentários são necessários aqui. Primeiro, a ira de Cristo e a misericórdia de Cristo não se contradizem, como se fossem uma gangorra, onde uma desce à medida que a outra sobe. Pelo contrário, as duas descem e sobem juntas. Quanto mais passamos a entender de verdade a ira justa de Cristo contra tudo o que é mau dentro e fora de nós, tanto mais passaremos a entender a sua misericórdia.

Em segundo lugar, ao falar especificamente do coração de Cristo (e o coração de Deus no Antigo Testamento), não ficaremos presos no espectro ira-misericórdia. O coração dele é *o coração dele*. Quando falamos do coração de Cristo, não estamos falando de um atributo tão importante quanto os outros. Estamos perguntando quem ele é lá no fundo. O que é mais natural vir dele?

Em terceiro lugar, estamos simplesmente buscando seguir o testemunho bíblico ao falar do afetuoso coração de Cristo para os pecadores e os sofredores. Em outras palavras, se parece haver algum senso de desproporção na descrição bíblica de Cristo, então que sejamos igualmente desproporcionais. Melhor ser bíblico do que artificialmente "equilibrado".

Ao longo do restante deste estudo, retornaremos à questão de como encaixar o coração de Cristo com suas ações ou com as afirmações bíblicas que não parecem compatíveis. Mas os três pontos acima sempre devem estar em mente. Resumindo, *é impossível o afetuoso coração de Cristo ser celebrado demais, superestimado ou exagerado.* Ele é imperscrutável. Mas é facilmente negligenciado e esquecido. Pouca força extraímos dele. Não estamos deixando de lado o aspecto mais duro de Jesus ao falar do seu coração. O nosso único objetivo é seguir o testemunho da própria Bíblia ao nos aprofundarmos em quem Jesus surpreendentemente é.

Por fim, se as ações de Jesus refletem quem ele é lá no fundo, não podemos evitar a conclusão de que a própria pecaminosidade que ele veio desfazer é o que mais irresistivelmente o atrai.

Isso é mais profundo que dizer que Jesus é amoroso ou misericordioso ou gracioso. O testemunho conjunto dos quatro Evangelhos é que, quando Jesus vê a pecaminosidade do mundo ao seu redor, o seu impulso mais profundo, o seu instinto mais natural, é se mover na direção desse pecado e sofrimento, e não para longe deles.

Uma forma de enxergar isso é no pano de fundo da categoria de puro e impuro, lá do Antigo Testamento. Em termos bíblicos, essas categorias geralmente não se referem à higiene física, mas à pureza moral. Não é possível separar esses dois aspectos, mas a limpeza moral ou ética é o significado primário. Isso fica evidente na medida em que a solução para a imundícia não era tomar um banho, mas oferecer um sacrifício (Lv 5.6). O problema não era a sujeira, mas a culpa (Lv 5.3). Os judeus do Antigo Testamento, portanto, viviam sob um sofisticado sistema de graus de impureza e diversas ofertas e rituais para que pudessem ser moralmente puros novamente. Uma parte especialmente chocante desse sistema era: quando uma pessoa impura entrava em contato com uma pessoa pura, esta se tornava impura. A sujeira moral é contagiosa.

Considere Jesus. Em termos levíticos, ele é a pessoa mais pura que já andou na face da terra. Ele era o Puro. Quaisquer horrores que nos causem repulsa — a nós, que somos naturalmente impuros e caídos —, causariam ainda mais repulsa em Jesus. Não podemos contemplar a total pureza, santidade e limpeza de sua mente e coração; sua simplicidade, inocência e amabilidade.

E o que ele fazia quando via um impuro? Qual era o seu primeiro impulso ao se encontrar com prostitutas e leprosos? Ele ia na direção deles. A piedade enchia o seu coração, um anseio de genuína compaixão. Ele passava tempo com eles. Ele os tocava. Todos nós podemos testemunhar como tocar é humano. Um abraço caloroso faz mais do que apenas palavras calorosas podem fazer. Mas há uma profundidade maior no compassivo toque de Cristo. Ele estava revertendo o sistema judeu. Quando Jesus, o Puro, tocava um pecador impuro, Cristo não se tornava impuro. Era o pecador que se tornava puro.

O ministério terreno de Jesus Cristo consistia em devolver a pecadores indignos a sua humanidade. É nossa tendência pensar que os milagres dos Evangelhos são uma espécie de interrupção na ordem natural. Contudo, o teólogo alemão Jürgen Moltmann aponta que os milagres não são uma interrupção da ordem natural, mas a restauração da ordem natural. Estamos tão acostumados com um mundo caído que enfermidade, doença, sofrimento e morte parecem naturais. Na verdade, *eles* é que são a interrupção.

> Quando Jesus expulsa demônios e cura os doentes, ele está limpando a criação dos poderes destrutivos e está curando e restaurando criaturas que estão feridas e doentes. O senhorio de Deus testemunhado pelas curas restaura a criação à saúde. As curas de Jesus não são milagres sobrenaturais num mundo natural. Na verdade, são a

única coisa verdadeiramente "natural" num mundo que é artificial, demoníaco e ferido.[3]

Jesus andou pela terra reumanizando os desumanizados e purificando os impuros. Por quê? Porque o seu coração se recusava a dormir no ponto. A tristeza lhe confrontava a cada cidade. Então, aonde quer que ele fosse, ao ser confrontado com dor e anseio, ele espalhava a boa infecção de sua misericórdia purificadora. Thomas Goodwin disse certa vez: "Cristo é amor revestido de carne."[4] Pare para pensar. Tire a carne das mulheres de *Esposas em conflito* ou do *Exterminador do futuro* e você verá uma máquina; tire a carne de Cristo e você verá amor.

Se a compaixão se revestisse de um corpo humano e saísse andando por esta terra, como seria? Suas perguntas acabaram.

೧

Mas isso foi quando ele viveu sobre a terra. E atualmente?

Aqui nos lembramos do testemunho do Novo Testamento de que "Jesus Cristo é o mesmo ontem, hoje e eternamente" (Hb 13.8). O mesmo Cristo que chorou na tumba de Lázaro chora conosco hoje em nossos desesperos solitários. O mesmo que foi e tocou leprosos coloca seu braço em nosso ombro hoje quando nos sentimos incompreendidos e desprezados. O Jesus que foi e purificou pecadores com vidas bagunçadas alcança nossas almas e responde a nossos pedidos meia-boca

---

3   MOLTMANN, Jürgen. *The Way of Jesus Christ: Christology in Messianic Dimensions*. Trad. M. Kohl. Minneapolis: Fortress, 1993, p. 98. Semelhantemente, ver GOLDSWORTHY, Graeme. *The Son of God and the New Creation*. Short Studies in Biblical Theology. Wheaton: Crossway, 2015, p. 43.

4   GOODWIN, Thomas. *The Heart of Christ*. Edinburgh: Banner of Truth, 2011, p. 61.

por misericórdia com a purificação poderosa e invencível de quem não suporta fazer diferente.

Em outras palavras, o coração de Cristo não está distante, a despeito de sua presença hoje nos céus, pois ele ainda faz tudo isso pelo seu Espírito. Vamos nos concentrar melhor no relacionamento entre o coração de Cristo e o Espírito Santo no capítulo 13. Por ora, basta observar que, por meio do Espírito, o próprio Cristo não apenas nos toca, mas vive dentro de nós. O Novo Testamento nos ensina que estamos unidos a Cristo, numa união tão íntima que, independentemente daquilo que nossas partes corporais façam, o corpo de Cristo também o faz (1Co 6.15-16). *Jesus Cristo está mais próximo de você hoje do que ele esteve dos pecadores e sofredores com quem conversou e em quem tocou durante seu ministério terreno.* Por meio de seu Espírito, o próprio coração de Cristo cerca seu povo com um abraço mais afável e apertado que qualquer abraço físico poderia ter. As suas ações terrenas em carne refletiam o seu coração; o mesmo coração age hoje da mesma forma em relação a nós, pois *nós* agora somos o seu corpo.

3

A felicidade de Cristo

Por causa da alegria que lhe estava proposta.

HEBREUS 12.2

THOMAS GOODWIN escreveu que "a alegria, conforto, felicidade e glória [de Cristo] aumentam e se expandem em razão da ..."

Como você terminaria essa frase?

Há diversas formas bíblicas de respondê-la e devemos tomar cuidado com uma descrição monocromática de Cristo que eleve uma resposta e negligencie outras. Seria verdadeiro dizer que Jesus se alegra quando seus discípulos abandonam tudo para segui-lo (Mc 10.21-23). Seria válido ver Cristo se regozijando quando a fidelidade dos crentes no pouco prepara-os para serem fiéis no muito (Mt 25.21,23). Podemos afirmar que ele se regozija com as verdades reveladas pelo Pai às crianças, e não aos intelectualmente impressionantes (Lc 10.21).

Contudo, há uma verdade bíblica igualmente importante que é mais fácil de ser ignorada ao pensarmos sobre Cristo. Os cristãos intuitivamente sabem que Cristo se agrada de lhe ouvirmos e obedecermos. Mas e se o coração e a alegria dele se comoverem de uma nova forma em nossos fracassos e falhas?

Goodwin completa sua frase assim: "a alegria, conforto, felicidade e glória [de Cristo] aumentam e se expandem em razão de sua demonstração de graça e misericórdia ao perdoar, aliviar e consolar os seus membros aqui na terra".[1]

e⁓

Um médico compassivo viajou para a mata fechada para cuidar de uma tribo indígena afligida por uma doença infecciosa. Ele usa todo seu equipamento médico. Ele diagnostica o problema corretamente, e os antibióticos estão preparados e disponíveis. Ele já tem independência financeira e não precisa de remuneração alguma. Mas, conforme ele busca atendê-los, os afligidos recusam atendimento. Eles querem se cuidar por conta própria. Eles querem a cura nos próprios termos. Finalmente, alguns poucos jovens corajosos aceitam o cuidado médico gratuito.

O que esse médico irá sentir?

Alegria.

A sua alegria aumenta à medida que os doentes vêm livremente a ele para serem auxiliados e curados. Foi justamente por isso que ele veio.

Quão maior não seria a alegria dele se os doentes não fossem estrangeiros, mas parte de sua família?

É da mesma forma conosco em relação a Cristo. Ele não se sente incomodado e frustrado quando vamos até ele pedindo perdão mais uma vez, esperando nova remissão,

---

1   GOODWIN, Thomas. *The Heart of Christ*. Edinburgh: Banner of Truth, 2011, p. 107. Semelhantemente, Sibbes coloca assim: "Não podemos agradar mais a Cristo do que nos sentirmos à vontade na presença dele, ao alegremente tomarmos parte de sua rica provisão. É uma honra à sua abundância assim o fazer." SIBBES, Richard. *Bowels Opened, Or, A Discovery of the Near and Dear Love, Union, and Communion Between Christ and the Church*, in: GROSART, A.B. *The Works of Richard Sibbes*. 7 vol. Edinburgh: Banner of Truth, 1983, 2:34.

cheios de aflição, necessidade e vazio. Foi por isso que ele veio. É isso que ele quer curar. Ele passou pelo terror da morte e saiu do outro lado a fim de providenciar um estoque ilimitado de misericórdia e graça para o seu povo.

Mas há um ponto mais profundo que Goodwin está estabelecendo aqui. Jesus não quer que recebamos de sua graça e misericórdia só porque valida a sua obra expiatória. Ele quer que recebamos sua graça e misericórdia em razão de quem ele é. Ele se aproximou de nós na encarnação para que a sua alegria e a nossa pudessem subir e descer juntas — a dele ao dar-nos misericórdia e a nossa ao recebê-la. Goodwin passa a argumentar até mesmo que *Cristo se alegra e se conforta mais do que nós* quando vamos a ele em busca de socorro e misericórdia. Da mesma forma que um marido amoroso obtém mais alívio e conforto na cura de sua esposa que na sua própria cura, Cristo "obtém mais conforto [...] do que adquirimos nele", quando ele vê nossos pecados lavados pelo seu sangue.[2]

Refletindo sobre Cristo como nosso mediador celestial — isto é, como aquele que exclui qualquer razão pela qual não poderíamos usufruir de amizade com Deus —, Goodwin prossegue:

> [A] glória e felicidade de Cristo [são] ainda mais aumentadas e alargadas, à medida que seus membros vêm cada vez mais se cobrir com a redenção de sua morte; assim, quando seus pecados são perdoados, seus corações santificados e seus espíritos confortados, então ele vem e vê o fruto de seu trabalho e se consola dessa forma, pois ele é ainda mais glorificado, sim, ele se agrada muito mais e se alegra mais com isso do que eles. E isso mantém em seu coração o cuidado e amor por seus filhos aqui embaixo, para regá-los e renová-los a cada momento.[3]

---

2 GOODWIN, *Heart of Christ*, p. 108.
3 GOODWIN, *Heart of Christ*, p. 111-112.

Tradução: quando você vem a Cristo à procura de misericórdia, amor e auxílio em sua angústia, perplexidade e pecaminosidade, você segue o fluxo dos mais profundos desejos dele, em vez de ir contra eles.

Tendemos a pensar que, quando nos aproximamos de Jesus à procura de ajuda na nossa necessidade de misericórdia por causa de nossos pecados, nós de alguma forma o prejudicamos, o diminuímos, o empobrecemos. Goodwin argumenta justamente o contrário. Jesus nos surpreende "ao exercer seus atos de graça e, quanto mais ele faz bem a seus membros [...] por enchê-los com toda misericórdia, graça, conforto e felicidade, ele mesmo se torna mais cheio, ao enchê-los".[4] Como verdadeiro Deus, Cristo não pode ser mais cheio; ele compartilha da plenitude imortal, eterna e imutável de seu Pai. Contudo, como verdadeiro homem, o coração de Cristo não é drenado por nos achegarmos a ele; o seu coração se enche quanto mais nos achegamos a ele.

Em outras palavras, quando nos retraímos e nos escondemos nas sombras, temerosos e fracassados, perdemos não só um consolo maior, mas Cristo perde um consolo maior.

---

4   GOODWIN, *Heart of Christ*, p. 111. Como outro antigo pastor eloquentemente o disse: "se você encontrar aquele pobre coitado que enfiou a lança em meu lado, diga-lhe que há outra forma, uma forma melhor, de chegar ao meu coração, basta ele se arrepender, olhar para aquele que foi transpassado e chorar por ele. Cuidarei dele no próprio seio que ele feriu; verá que o sangue por ele derramado constitui ampla expiação pelo pecado de derramá-lo. E lhe diga por mim que mais me doerá e desagradará vê-lo recusar esta oferta de meu sangue do que quando ele o derramou". GROSVENOR, Benjamin. "Grace to the Chief of Sinners", in: *A Series of Tracts on the Doctrines, Order, and Polity of the Presbyterian Church in the United States of America*. Vol. 3. Philadelphia: Presbyterian Board of Publication, 1845, p. 42–43. Agradeço a Drew Hunter por me dar conhecimento desta citação.

Ele vive por isso. Isso é o que ele ama fazer. A sua alegria e a nossa sobem e descem juntas.

❧

Mas isso é bíblico?

Considere Hebreus 12. Jesus é chamado ali de "o Autor e Consumador da nossa fé, o qual, por causa da alegria que lhe estava proposta, suportou a cruz, não fazendo caso da vergonha que sofreu, e está assentado à direita do trono de Deus" (Hb 12.2).

"Por causa da alegria." Que alegria? O que estava esperando Jesus do outro lado da cruz?

A alegria de ver o seu povo perdoado.

Lembre qual é o ponto central de Hebreus — Jesus é o sumo sacerdote para dar fim a todos os sumos sacerdotes, que fez o sacrifício propiciatório definitivo para cobrir completamente os pecados de seu povo de modo que eles são salvos "perfeitamente" (Hb 7.25). E lembre o que o autor quer dizer quando fala que Jesus está assentado à direita de Deus, no fim de Hebreus 12.2. Em outros lugares, o autor de Hebreus diz explicitamente o que isso significa:

> Tendo feito a purificação dos pecados, *assentou-se à direita da Majestade nas alturas* (1.3).
>
> O ponto principal do que estamos dizendo é este: Temos um sumo sacerdote que *se assentou à direita* do trono da Majestade no céu (8.1).
>
> Mas este, tendo oferecido um único sacrifício pelos pecados, *assentou-se para sempre à direita de Deus* (10.12).

Em todos esses textos, o assento de Jesus à direita de Deus está associado com sua obra sacerdotal expiatória. O sacerdote era a ponte entre Deus e a humanidade. Ele reconectava o céu e a terra. Jesus fez isso supremamente por meio do sacrifício definitivo e final de si mesmo, purificando o seu povo de uma vez por todas, limpando-os de seus pecados. Foi a alegre expectativa de ver o seu povo totalmente limpo que o fez passar pela prisão, morte, sepultamento e ressurreição. Quando participamos hoje daquela obra expiatória, vindo a Cristo em busca de perdão, tendo comunhão com ele a despeito de nossa pecaminosidade, estamos acessando o desejo e a alegria mais profundos de Cristo.

Isso se relaciona a outros textos no Novo Testamento, como quando se fala que há alegria nos céus por um só pecador que se arrepende (Lc 15.7), ou do anseio de Cristo que a sua alegria transborde na alegria de seus discípulos ao permanecerem no seu amor (Jo 15.11; 17.13). Ele quer que tiremos força de seu amor, mas os únicos qualificados para o fazer são pecadores necessitados de amor imerecido. E ele não deseja que simplesmente sejamos perdoados. Ele *nos* deseja. Como Jesus fala de seus desejos mais profundos? Assim: "Pai, meu desejo é que aqueles que me deste estejam comigo onde eu estiver" (Jo 17.24).

Os nossos corações incrédulos precisam ver bem onde pisam aqui. Não seria uma audácia presunçosa buscar a misericórdia de Cristo sem filtro algum? Não deveríamos ser mais comedidos e racionais, com cuidado para não pedirmos demais dele?

Será que um pai com um filho asfixiando iria querer que seu filho buscasse ar de um tanque de oxigênio de uma forma comedida e racional?

O nosso problema é que não levamos a Escritura a sério quando ela nos chama de corpo de Cristo. Cristo é a cabeça;

nós somos as partes de seu corpo. Como uma cabeça trata o seu próprio corpo? O apóstolo Paulo nos diz: "alimenta-o e dele cuida" (Ef 5.29). Então, Paulo faz a conexão explícita com Cristo: "assim também Cristo em relação à igreja; porque somos membros do seu corpo" (Ef 5.29-30). Como cuidamos de um ferimento em alguma parte de nosso corpo? Tratamos, colocamos um curativo, protegemos e damos tempo para ele sarar. Pois aquela parte de nosso corpo não é só um amigo íntimo; é parte de nós. É desse jeito entre Cristo e os crentes. Somos parte dele. É por isso que o Cristo ressurreto pergunta a um perseguidor de seu *povo*: "por que *me* persegues?" (At 9.4).

Jesus Cristo se consola quando você recebe das riquezas de sua obra expiatória, porque é o próprio corpo dele que está sendo curado.

4

Que pode se compadecer

Não temos um sumo sacerdote que não
possa compadecer-se das nossas fraquezas.

HEBREUS 4.15

OS PURITANOS ESCREVIAM livros assim: pegavam um único versículo bíblico e o espremiam a fim de esgotar toda teologia cordialmente afetuosa que encontrassem e, depois de algumas centenas de páginas, enviavam o manuscrito à editora. *The Heart of Christ* [O coração de Cristo] de Thomas Goodwin não é diferente. E o versículo espremido de tal forma é Hebreus 4.15:

> Porque não temos um sumo sacerdote que não possa compadecer-se das nossas fraquezas, mas alguém que, à nossa semelhança, foi tentado em todas as coisas, porém sem pecado.

O objetivo de Goodwin era convencer crentes desanimados que, mesmo Cristo estando agora no céu, ele está tão aberto e terno em seu abraço em pecadores e sofredores quanto esteve na terra. A página frontal com o título original do livro na edição de 1651 reflete isso. Observe especialmente a destacada justaposição entre "Cristo no céu" e "pecadores na terra":

O
CORAÇÃO
DE
CRISTO NO CÉU
Para com
PECADORES na Terra
OU
UM TRATADO
DEMONSTRANDO

A disposição graciosa e terna afeição de *Cristo* em sua natureza humana, agora na glória, para com seus membros sob toda espécie de *enfermidades*, seja no *pecado*, seja na *miséria*.

As últimas linhas do subtítulo esclarecem que, por *coração de Cristo*, ele quer dizer "a disposição graciosa e terna afeição". Goodwin quer surpreender os leitores com a evidência bíblica de que o Senhor ressurreto, são e salvo no céu, hoje não está menos disponível e menos compassivo do que quando ele andou sobre a terra.

Depois de uma seção introdutória, Goodwin explica por que ele escolheu Hebreus 4.15 para explorar esse ponto:

> Escolhi este texto, pois não há outro que mais revele sobre seu coração e exponha sua dinâmica e comportamento para com os pecadores; e que o faça de maneira tão sensível que nos tome pela mão, como se fosse, e nos coloque sobre o peito de Cristo e nos permite sentir o batimento de seu coração e os movimentos de seus afetos por nós, mesmo hoje estando ele na glória — o próprio escopo dessas palavras se propondo explicitamente a encorajar os

crentes contra tudo que pode desencorajá-los, a partir da consideração do coração de Cristo em seu favor, mesmo agora nos céus.[1]

Como seria se um amigo pegasse nossas mãos e as colocasse no peito do Senhor Jesus Cristo de modo que, assim como um estetoscópio nos permite ouvir a força vigorosa de um coração físico batendo, fosse possível sentir a força vigorosa das afeições e anseios mais profundos de Cristo? Em resumo, Goodwin está dizendo: não precisamos procurar mais. Hebreus 4.15 é esse amigo.

Vale a pena manter o contexto mais amplo de Hebreus 4.15 em mente. Vendo de uma perspectiva mais ampla, o restante da passagem diz o seguinte:

> Portanto, tendo um grande sumo sacerdote, Jesus, o Filho de Deus, que entrou no céu, mantenhamos com firmeza nossa declaração pública de fé. *Porque não temos um sumo sacerdote que não possa compadecer-se das nossas fraquezas, mas alguém que, à nossa semelhança, foi tentado em todas as coisas, porém sem pecado.* Portanto, aproximemo-nos com confiança do trono da graça, para que recebamos misericórdia e encontremos graça, a fim de sermos socorridos no momento oportuno (Hb 4.14-16).

Os versículos 14 e 16 contêm uma exortação: fidelidade na doutrina sobre Deus ("mantenhamos com firmeza nossa declaração pública de fé", v.14) e confiança na comunhão com Deus ("aproximemo-nos com confiança do trono da graça", v.16). O "porque" no início versículo 15 (em itálico acima)

---

1   GOODWIN, Thomas. *The Heart of Christ*. Edinburgh: Banner of Truth, 2011, p. 48.

significa que o versículo 15 fundamenta o versículo 14. E o "portanto" no começo do versículo 16 significa que o versículo 15 também fundamenta o versículo 16. Em outras palavras, o versículo 15 é a âncora da passagem, sendo os outros versículos as suas implicações.

A base da âncora desse versículo está na pura *solidariedade* de Jesus Cristo para com o seu povo. Todas as nossas intuições naturais nos dizem que Jesus está conosco, ao nosso lado, presente e disposto, quando a vida vai bem. Esse texto diz o contrário. É em "nossas fraquezas" que Jesus se compadece de nós. A palavra para o verbo "compadecer" aqui é composta por um prefixo que significa "com" (como nosso prefixo em português *co-*) junto ao verbo *padecer*. "Compadecer" aqui não é uma piedade fria e desinteressada. Faz parte de uma profunda solidariedade que ecoa na nossa vida, mais intimamente, apenas na relação entre pais e filhos. Na verdade, é ainda mais profundo do que isso. A nossa dor também dói em Jesus; no nosso sofrimento, ele sente o nosso sofrer como sendo dele mesmo — não que a sua divindade invencível seja ameaçada, mas no sentido de que o seu coração adentra emocionalmente a nossa aflição. A sua natureza humana trata nossos problemas de forma compreensiva.[2] O seu amor não se detém quando vê o seu povo sofrendo.

O autor de Hebreus aqui nos toma pela mão e nos leva às profundezas do coração de Cristo, mostrando a sua *conexão* irrestrita com o seu povo. Já no capítulo 2 o autor de Hebreus disse que Jesus se tornou "em tudo [...] semelhante a seus

---

2   A sua natureza humana (distinta da divina) é que se move especificamente na solidariedade emocional de Cristo com o seu povo em meio a seus sofrimentos, veja especialmente OWEN, John. *An Exposition of the Epistle to the Hebrews* in: *The Works of John Owen*. V. 25, ed. W. H. Goold. Edinburgh: Banner of Truth, 1965, p. 416–428.

irmãos" e que "ele mesmo sofreu, ao ser tentado" (usando a mesma palavra grega para tentado/provado que ocorre em 4.15).

Todavia, o real escândalo de Hebreus 4.15 é o motivo de Jesus ser tão próximo do seu povo na sua dor. Ele foi "tentado" (ou "provado", como a palavra também pode denotar) — e não só isso, mas "à nossa semelhança", como nós o somos. A razão pela qual Jesus está em tão íntima solidariedade conosco é que o caminho difícil pelo qual passamos não é só nosso. Ele andou pelo mesmo caminho. Não somente Jesus pode nos livrar de nossos problemas, como um doutor receitando medicamentos, mas também, antes de qualquer livramento, ele está conosco em nossos problemas, como um médico que passou pela mesma doença.

Jesus não é Zeus. Ele foi um homem sem pecado, não um super-homem sem pecado. Ele acordou com dor de cabeça. Ele teve espinhas na adolescência. Ele nunca apareceria na capa da revista *Men's Health* ("quando olhávamos para ele, não víamos beleza alguma para que o desejássemos", Is 53.2). Ele veio como homem normal para homens normais. Ele sabe o que é ser sedento, faminto, desprezado, rejeitado, escarnecido, envergonhado, humilhado, abandonado, mal compreendido, caluniado, sufocado, torturado e morto. Ele sabe como é se sentir sozinho. Os seus amigos o abandonaram quando ele mais precisava. Caso ele tivesse vindo nos dias de hoje, todo seguidor dele no Twitter e no Instagram o teria bloqueado no seu aniversário de 33 anos — ele nunca irá nos bloquear.

A chave para entender a relevância de Hebreus 4.15 é manter um equilíbrio sólido com as duas afirmações "em todas as coisas" *e* "sem pecado". Toda a nossa fraqueza — de fato, toda a nossa vida — está contaminada pelo pecado. Se o pecado tivesse a cor azul, não seria o caso de ocasionalmente fazermos ou dizermos coisas azuis; tudo que disséssemos, fizéssemos e pensássemos teria um tom azul. Jesus não é assim. Ele não tinha pecado. Ele foi "santo, inocente, imaculado, separado dos pecadores" (Hb 7.26-27). Mas precisamos ponderar a frase "em todas as coisas" de forma que mantenha a impecabilidade de Jesus sem diluir o que a frase significa. Aquela tentação persistente, aquela provação ardente, aquela surpresa desagradável — ele passou por isso. De fato, a sua total pureza sugere que ele sentiu tais dores mais agudamente que nós pecadores jamais poderemos sentir.

❧

Olhe para a sua vida.

Quando o relacionamento amarga, quando os sentimentos de vazio nos invadem, quando parece que a vida não faz sentido, quando parece que perdemos aquela última oportunidade de fazer a diferença, quando não entendemos nossas emoções, quando aquele amigo de longa data nos decepciona, quando algum familiar nos trai, quando nos sentimos profundamente mal compreendidos, quando a elite ri de nós — em resumo, quando a pecaminosidade do mundo nos pega e queremos jogar a toalha — é justamente aí que temos um Amigo que sabe exatamente como é essa provação e se senta ao nosso lado e nos abraça. Juntos. Solidariedade.

A nossa tendência é sentir intuitivamente que, quanto mais difícil fica a vida, mais sozinho estamos. Ao afundarmos cada vez mais na dor, afundamos em cada vez mais isolamento. A Bíblia nos corrige. A nossa dor nunca prevalece sobre aquele que dela compartilha. Nunca estamos sozinhos. Aquela angústia que parece tão solitária, tão *nossa*, foi vivida por ele no passado, e no presente ele a leva nos ombros.

Como o versículo 14 nos diz, Jesus subiu aos céus. Mas isso não quer dizer que ele se distanciou ou se isolou de nossas dores. O versículo 15, segundo Goodwin, "permite-nos entender quão sensível e emocionalmente afetado foi o coração de Cristo por pecadores durante todas [...] as suas enfermidades".[3] As nossas dificuldades suscitam profundezas emocionais em Cristo para além de nossa compreensão.

Mas, e os nossos pecados? Deveríamos nos sentir desencorajados por Jesus não se solidarizar conosco nas mais agudas das dores, a culpa e a vergonha por nosso pecado? Não, por dois motivos.

O primeiro é que a impecabilidade de Jesus significa que ele conhece melhor as tentações do que nós. C.S. Lewis ressaltou esse ponto ao falar de um homem que anda contra o vento. Quando o vento da tentação atinge determinada força, o homem se curva, desistindo — de modo a não saber como seria resistir por mais dez minutos. Jesus nunca se curva; ele passa por todas as nossas tentações e provações sem jamais desistir. Portanto, ele conhece a força da tentação melhor que cada um de nós. Somente ele verdadeiramente conhece o preço.[4]

A segunda razão é que a nossa única esperança é que aquele que compartilha de todas as nossas dores o faz como aquele que é puro e santo. O nosso sumo sacerdote sem pecado não precisa de salvação, mas é quem a provê. É por isso que podemos buscá-lo para que "recebamos misericórdia e encontremos graça" (4.16). Ele não está preso no buraco do pecado conosco; somente ele pode nos tirar de lá. A sua impecabilidade é a nossa salvação. Mas aqui já estamos nos adiantando e entrando na obra de Cristo. O foco de Hebreus 4.15, e do livro de Thomas Goodwin sobre esse texto, é o coração de Cristo.

---

3   GOODWIN, *Heart of Christ*, p. 50.
4   LEWIS, C.S. *Cristianismo puro e simples*. Rio de Janeiro: Thomas Nelson, 2018.

Sim, o versículo 16 fala do "trono de graça". Mas o versículo 15 abre para nós o coração da graça. Além de apenas ele poder nos tirar do buraco do pecado, somente ele deseja pular para dentro e carregar nossos fardos. Jesus se compadece de nós. Ele "co-sofre" conosco. Como o contemporâneo de Goodwin, John Owen, coloca, Cristo "se inclina a partir de seu próprio coração e afeições a nos dar [...] socorro e livramento [...] e ele se comove internamente durante nossos sofrimentos e provações em compreensão e solidariedade com eles".[5]

Se você está em Cristo, você tem um Amigo que, em sua angústia, nunca lhe dará uma lição de moral celestial. Ele não aguenta ficar longe. Nada pode retê-lo. Afinal, o coração dele está grudado demais ao seu.

---

5   OWEN, John. *An Exposition of the Epistle to the Hebrews*, in: *The Works of John Owen*. Vol. 21, ed. W. H. Goold. Edinburgh: Banner of Truth, 1968, p. 422.

5

Ternamente

E possa compadecer-se ternamente dos ignorantes e errados.
Hebreus 5.2 (ACF)

No antigo Israel, o rei representava Deus ao povo, enquanto o sacerdote representava o povo a Deus. O rei atuava como autoridade sobre o povo; o sacerdote atuava com a solidariedade com o povo. O livro de Hebreus está na Bíblia para nos dizer o que significa para Jesus ser o nosso sacerdote, o verdadeiro sacerdote, o sacerdote de que qualquer outro sacerdote é sombra e a quem qualquer outro aponta.

Os sacerdotes de Israel eram pecadores. Então, eles precisavam oferecer sacrifícios não só pelos pecados do povo, mas também pelos próprios pecados. Não só os sacerdotes de Israel eram pecadores por definição; eles também o eram por prática. Alguns sacerdotes antigos estavam entre os personagens mais perversos do Antigo Testamento — pense em Hofni e Fineias, por exemplo (1Sm 1—4). Hoje precisamos de um sacerdote não menos que os antigos israelitas. Precisamos de alguém para nos representar diante de Deus. Mas os sacerdotes de outrora eram tão decepcionantes, tão maus, tão duros.

Porém, se o nosso sacerdote soubesse por si mesmo como é sentir a nossa fraqueza de modo a ter maior simpatia para conosco, e isso sem pecar, e de modo que seu coração nunca se revolvesse em autocomiseração ou autoabsorção — esse seria um sacerdote verdadeiramente capaz de se compadecer ternamente de nós.

$\backsim$

Hebreus 5 continua na mesma linha de pensamento que expomos no último capítulo, em que vimos o final de Hebreus 4. Ali, consideramos a maneira como o coração de Cristo se move em direção a seu povo em solidariedade com ele em sua dor e aflição. Agora, em Hebreus 5.2, nós consideramos mais uma verdade — a forma com que ele lida com as pessoas a quem se achegou. Vimos o *quê* do papel sacerdotal de Cristo em 4.15, agora veremos o *como* em 5.2.

E qual é o *como*?

Ternamente.

A palavra grega por trás de "compadecer-se ternamente" em 5.2 compartilha um radical do "compadecer" de 4.15, e os leitores e ouvintes originais de Hebreus provavelmente teriam percebido esse fato mais do que nós. Também vemos em ambos os textos o verbo grego *dunamai* se repetindo, até na mesma conjugação verbal (embora não se veja isso nas traduções usuais), bem como a menção repetida de "fraqueza" (posteriormente trataremos disso neste capítulo). Deixe-me colocar as duas frases transliteradas para que você entenda o paralelo que os ouvintes originais teriam percebido:

4.15 *dunamenon sunpathesai tois* ("possa compadecer-se ...")

5.2 *metriopathein dunamenon tois* ("possa compadecer-se ternamente ...")

Junto à palavra repetida (*dunamenon*), que significa "aquele que é capaz" ou "quem tem a capacidade de", observe o mesmo radical no verbo principal em cada versículo, como destaquei. Notamos no capítulo anterior que *sunpathesai* significa "co-sofrer" no sentido de sentir por conta de sua plena solidariedade conosco. Embora seja possível enxergar a forma como essa palavra grega nos traz a palavra em português para *simpatia*, o significado é mais rico do que *simpatia* aparenta ter. Agora, em 5.2, à medida que o autor continua a expor como Jesus é o nosso grande sumo sacerdote, encontramos a palavra *metriopathein*. Este é o único uso desse verbo no Novo Testamento. Isso significa exatamente o que lemos no texto: compadecer-se ternamente. O prefixo *metrio* possui o significado de restrição ou moderação e o radical *patheo* se refere a paixão ou sofrimento. A ideia em 5.2 é que Jesus não perde a paciência quando lida com pecadores. Ele é calmo, sereno, tranquilo, comedido. Ele nos trata com ternura.

De quem ele se "compadece ternamente"? Com certeza seria daqueles cujas falhas são mais razoáveis e moderadas, reservando respostas mais severas para os maiores pecadores, não é?

Uma leitura cuidadosa do texto não permite essa conclusão. "E possa compadecer-se ternamente dos ignorantes e errados." O ignorante e o errado não são aqueles pecadores medianos, separados dos mais graves. Não, essa é a maneira de o autor incluir a todos. No Antigo Testamento — e lembre quão rica e abundantemente esta carta aos Hebreus está baseada no Antigo Testamento —, percebemos que há basicamente dois tipos de pecados: voluntários e involuntários, ou culposos e dolosos, ou, como Números 15 coloca, pecados por ignorância e "à mão levantada" (Nm 15.27-31, ARC). Isso é quase certamente o que o autor de Hebreus tem em mente, com "ignorantes" se referindo aos pecados involuntários, e "errados" se referindo aos pecados voluntários.

Em outras palavras, quando Hebreus 5.2 diz que Jesus se compadece ternamente dos ignorantes e dos errados, o ponto é que Jesus trata com ternura, e com nada menos que ternura, todos os pecadores que vêm a ele, independentemente de quais ofensas cometeram ou de quão graves elas sejam.[1] O que suscita ternura em Jesus não é a severidade do pecado, mas o fato de o pecador vir a ele. Qualquer que seja a nossa ofensa, ele se compadece ternamente de nós. Se nunca viermos a ele, experimentaremos um juízo tão duro que será como uma espada de dois gumes saindo da sua boca sobre nós (Ap 1.16; 2.12; 19.15, 21). Se viermos a ele, tão feroz quanto seria seu juízo de leão contra nós, igualmente profunda será sua ternura de cordeiro por nós (cf. Ap 5.5-6; Is 40.10-11). Um está incluído no outro. Ninguém recebe neutralidade de Jesus.

Pense no que isso significa. Quando pecamos, somos encorajados a levar a nossa bagunça a Jesus porque ele saberá exatamente como nos receber. Ele não nos trata com dureza. Ele não se esgoela e esbraveja. Ele não explode, como tantos pais o fazem. E ele se contém tanto não porque tem uma visão turva de nosso pecado. Ele conhece a nossa pecaminosidade bem mais profundamente do que nós. Na verdade, conhecemos apenas a ponta do iceberg da nossa depravação, mesmo em nossos momentos de maior arrependimento. Ele se contém simplesmente por causa do terno coração para com o seu povo.

---

1   Owen argumenta sobre isso e o formula com peculiar elegância. OWEN, John. *An Exposition of the Epistle to the Hebrews*, in: *The Works of John Owen*. Vol. 21, ed. W. H. Goold. Edinburgh: Banner of Truth, 1968, p. 457-461.

Hebreus não está simplesmente nos dizendo que, em vez de nos repreender, Jesus nos ama. Ele está nos dizendo o tipo de amor que Jesus tem: em vez de derramar graça do alto, ele desce a nós, nos envolve em seus braços e cuida de nós como precisamos. Ele se compadece ternamente.

Talvez o comentário mais significativo já escrito sobre a Epístola aos Hebreus seja a obra de John Owen. Dos 23 volumes que compõem atualmente as obras completas de Owen, sete deles são uma exposição versículo a versículo de Hebreus.[2] Foram necessários vinte anos para que tal comentário fosse escrito, com o primeiro volume publicado em 1668 e o último em 1684. O que o grande expositor de Hebreus afirma sobre o que Hebreus 5.2 quer dizer? Owen escreve que, quando lemos que o sumo sacerdote pode se compadecer ternamente dos ignorantes e errados, isso significa que ele

> não pretende rejeitar pobres pecadores por sua ignorância e erro da mesma forma que um atencioso pai não rejeitaria um bebê por seu choro [...] O sumo sacerdote age da mesma forma. Jesus Cristo também. Ele é capaz, com toda mansidão e ternura, com paciência e moderação, de aguentar as enfermidades, pecados e provocações do seu povo, da mesma forma que uma mãe ou um pai suporta a fraqueza [...] de um pobre bebê.[3]

Jesus não pode te ignorar mais que um amoroso pai de um bebê chorão pode ignorar seu amado filho. O coração de Jesus se atrai por você. Nada pode confinar suas afeições no céu; o seu coração bate inchado de terno amor.

---

2   Refiro-me à edição publicada pela Banner of Truth (Edinburgh, 1968). Uma nova edição crítica das obras de Owen está sendo preparada pela Crossway e deve conter trinta volumes.

3   Ibid, vol. 21, p. 455-456.

Além disso, a "mansidão" e a "ternura" de Cristo, sua "paciência e moderação", não são periféricas ou ocasionais a quem Jesus é, como se seus prazeres mais profundos estivessem em outro lugar. Esse cuidado, essa compaixão terna por todo tipo de pecador, é o mais natural para ele. Owen continua e afirma que Cristo "em seu relacionamento conosco, não dispõe a nós, de maneira mais apropriada ou mais plena, qualquer outra propriedade de sua natureza do que sua compaixão, longanimidade e paciência"[4]. Em outras palavras, quando Jesus "se compadece ternamente" de nós, ele está fazendo o que é mais apropriado e natural para ele.

De fato, em razão da profundeza de nossa pecaminosidade, o fato de que Jesus não nos afasta prova que seu impulso e prazer mais profundo é a sua ternura paciente. Owen diz que essa ternura do sumo sacerdote, "conforme aplicada a Jesus Cristo, compõe os mais elevado encorajamento e consolo aos crentes. Não fosse uma suficiência absoluta dessa disposição nele, manifestada em todos os casos, ele certamente nos rejeitaria com asco"[5]. Essa é a forma arcaica e complexa de Owen dizer o seguinte: a nossa pecaminosidade é tão profunda que uma medida frouxa de ternura da parte de Jesus não seria suficiente; porém, quanto mais fundo corre nossa pecaminosidade, mais fundo ainda corre a sua ternura.

Mas por quê? Por que Cristo se compadece ternamente de nós?

O texto nos diz: "porque ele mesmo também está rodeado de fraqueza."

---

4   Ibid, vol. 21, p. 462.
5   Ibid, vol. 21, p. 454.

No contexto imediato, isso se refere ao sumo sacerdócio em geral. O próximo versículo deixa isso claro, quando fala do sumo sacerdote, que precisava oferecer sacrifício por seus próprios pecados (5.3), o que Jesus não precisava fazer (7.27). Entretanto, lembre-se do que vimos alguns versículos antes, em 4.15 — o próprio Jesus, embora "sem pecado", é capaz de "compadecer-se da nossa *fraqueza*" (a mesma palavra no grego que em 5.2) como "alguém que, à nossa semelhança, foi tentado em todas as coisas". Jesus teve um total de zero pecado. Mas ele experimentou tudo mais que faz parte de viver como um ser humano real neste mundo caído: a fraqueza do sofrimento, tentação e todo outro tipo de limitação humana (ver também 2.14-18). Os diversos sumos sacerdotes ao longo da história de Israel eram pecaminosamente fracos; Jesus, o sumo sacerdote, foi impecavelmente fraco (cf. 2Co 13.5).

Ao contrário do que esperamos ser o caso, portanto, quanto mais afundamos em fraqueza, sofrimento e provações, ainda mais profunda é a solidariedade de Cristo para conosco. Ao cairmos em dor e angústia, descemos mais fundo *para dentro* do coração de Cristo, e não para longe dele.

Olhe para Cristo. Ele se compadece ternamente de você. É o jeito dele, não tem outro. Ele é o sumo sacerdote para dar fim a todos os sumos sacerdotes. Enquanto você focar a sua atenção no pecado, você não poderá mais encontrar segurança. Porém, basta olhar para este sumo sacerdote e não há como você ainda se ver em perigo. Olhando para dentro de nós, só podemos esperar dureza dos céus. Olhando para Cristo, só podemos esperar ternura.

6

De modo nenhum
o lançarei fora

O que vem a mim, de modo nenhum o lançarei fora.
João 6.37 (ARA)

Tudo que Thomas Goodwin e John Owen foram — eruditos, renomados, analíticos, atuantes nas melhores universidades do mundo — John Bunyan não era. Ele era pobre e não tinha educação formal. Pelos padrões do mundo, nada favorecia que Bunyan fizesse algum impacto na história humana. Mas é assim que o Senhor ama trabalhar — pegando os marginalizados e excluídos e lhes dando papéis cruciais no desenrolar da história redentiva. Por isso, Bunyan, mesmo sendo mais simples no estilo de escrita, compartilhava da capacidade de Goodwin de abrir o coração de Cristo para seus leitores.

Bunyan ficou conhecido pelo livro *O Peregrino*, o qual, depois da Bíblia, é o livro mais vendido da história. Mas ele escreveu também outros 57 livros. Um dos mais doces é *Come and Welcome to Jesus Christ* [Venha e seja bem-vindo a Jesus Cristo], escrito em 1678. O candor do título representa o trata-do inteiro. Em típico estilo puritano, Bunyan pegou um único versículo e escreveu um livro inteiro sobre ele, extraindo tudo que podia dele. No caso de *Come and Welcome to Jesus Christ*, foi João 6.37. Ao se proclamar pão da vida para os famintos espiritualmente (Jo 6.32-40), Jesus declarou:

> Todo aquele que o Pai me dá, esse virá a mim; e o que vem a mim, de modo nenhum o lançarei fora.

Esse era um dos versículos favoritos de Bunyan, como se vê pela frequência com que ele é citado em seus escritos. Mas, nesse livro em particular, ele se concentra nesse texto, analisando-o a partir de cada ângulo, nos mínimos detalhes.

Há uma montanha de teologia consoladora contida nesse único versículo. Considere o que Jesus diz:

- "Todo aquele", e não *a maioria*. A partir do momento que o Pai coloca seu olhar de amor sobre um pecador desviado, o resgate de tal pecador é certo.

- "O Pai". A nossa redenção não é um Filho gracioso tentando acalmar um Pai descontrolado de raiva. O próprio Pai ordena o nosso livramento. Ele toma a amorosa iniciativa (observe o v. 38).

- "Me dá", e não "empurra para mim". Faz parte do profundo prazer do Pai confiar livremente pecadores recalcitrantes ao gracioso cuidado de seu Filho.

- "Virá". O propósito salvífico de Deus para um pecador nunca se frustra. Deus nunca se frustra. Seus recursos nunca acabam. Se o Pai nos chama, nós *viremos* a Cristo.

- "O que vem". Não somos robôs. Embora o Pai claramente seja o supervisor soberano da nossa redenção, não viemos a Cristo à força e contra a nossa vontade. A graça divina é tão radical que alcança e converte os nossos próprios desejos. Os nossos olhos se abrem. Cristo se torna belo. Vamos a ele. E qualquer um — qualquer um mesmo — é bem-vindo. Venha e seja bem-vindo a Jesus Cristo.

- "Vem a mim". Não vamos a um conjunto de doutrinas. Nem vamos a uma igreja. Nem mesmo vamos ao evangelho. Tudo isso é vital. Mas, no final das contas, vamos a uma pessoa, ao próprio Cristo.

Bunyan traça essas implicações e muito mais. Vale a pena ler o livro todo.[1] Porém, são as últimas palavras do versículo, sobre as quais ele mais medita, as mais significativas para ele. No centro do livro, ele confronta as nossas suspeitas inatas sobre o mais fundo no coração de Cristo. Usando a tradução da Bíblia King James ("Aquele que vier a mim, de modo nenhum lançarei fora"), Bunyan escreve:

> Aqueles que vêm a Jesus Cristo por vezes estão temerosos em seu coração de que Jesus não os receberá.
>
> Esta observação está implícita no texto. Deduzo da amplidão e abertura da promessa: "de modo nenhum lançarei fora". Pois, caso não houvesse uma inclinação em nós a "temer ser lançado fora", Cristo não precisaria afastar esse medo, como ele faz ao enfatizar que não o fará "de modo nenhum".
>
> Não seria preciso, devo dizer, que tal promessa fosse inventada pela sabedoria celestial, e escrita dessa forma, caso

---

1   Foi publicado separadamente pela Banner of Truth: *Come and Welcome to Jesus Christ*. Edinburgh: Banner of Truth, 2004. Ele também pode ser encontrado no primeiro volume de OFFOR, George (ed.) *The Works of John Bunyan*. 3 volumes. Edinburgh: Banner of Truth, 1991, p. 240–299.

seu propósito não fosse despedaçar com um só golpe todas as objeções dos pecadores que vêm, se eles não fossem inclinados a tais objeções, a desencorajar as suas próprias almas. Pois estas pouquíssimas palavras, "de modo nenhum", cortam a garganta de todas as justificativas; e foram pronunciadas pelo Senhor Jesus justamente com tal fim, para ajudar à fé que está misturada com a incredulidade. Ela é, por assim dizer, o resumo de todas as promessas; nem pode haver sequer uma objeção em que você possa pensar que essa promessa não vá responder.

— Mas eu sou um grande pecador — você diz.

— De modo nenhum o lançarei fora — Cristo diz.

— Mas eu sou um pecador de longa data — você diz.

— De modo nenhum o lançarei fora — Cristo diz.

— Mas eu sou um pecador de coração duro — você diz.

— De modo nenhum o lançarei fora — Cristo diz.

— Mas eu sou um pecador desviado — você diz.

— De modo nenhum o lançarei fora — Cristo diz.

— Mas eu servi a Satanás por todos os meus dias — você diz.

— De modo nenhum o lançarei fora — Cristo diz.

— Mas eu pequei contra a luz —você diz.

— De modo nenhum o lançarei fora — Cristo diz.

— Mas eu pequei contra a misericórdia — você diz.

— De modo nenhum o lançarei fora — Cristo diz.

— Mas eu não tenho nada de bom para oferecer — você diz.

— De modo nenhum o lançarei fora — Cristo diz.

Esta promessa foi providenciada para responder todas as nossas objeções e, de fato, ela responde.[2]

Embora por vezes o texto citado pareça arcaico, é uma forma britânica antiga de destacar a enfática negação do grego

---

2 BUNYAN, John. *Come and Welcome to Jesus Christ*, in: *Works*, 1:279-280; ligeiramente adaptado.

de João 6.37. O texto literalmente se lê assim: "aquele que vem a mim não — *não* — irei lançar fora". Às vezes, como aqui, o grego usa duas negações seguidas, uma colada na outra, para dar força literária. "Eu com certeza nunca, jamais lançarei fora." É essa enfática negação de que Cristo nos lançará fora que Bunyan chama de "esta grandiosa e estranha expressão".

Do que Bunyan estava falando?

A afirmação de Jesus em João 6.37, o livro *Come and Welcome to Jesus Christ*, e essa citação no centro do livro, tudo existe para nos acalentar com a natureza *perseverante* do coração de Cristo. Podemos dizer: "Mas eu..." Ele diz: "de modo nenhum o lançarei fora."

Pecadores caídos e ansiosos não têm limites na sua capacidade de imaginar razões para Jesus os lançar fora. Somos fábricas de novas resistências ao amor de Cristo. Mesmo quando deixamos de ter razões tangíveis para sermos lançados fora, como pecados ou falhas específicas, tendemos reter uma vaga impressão de que, com o tempo, Jesus finalmente se cansará de nós e se afastará. Bunyan nos entende. Ele conhece a nossa tendência de nos esquivarmos das certezas de Cristo.

— Não, espera — dizemos cautelosamente, ao nos aproximarmos de Jesus —, você não entende. Eu *realmente* não tenho jeito, em todos os aspectos.

— *Eu sei* — ele responde.

— Você deve saber de boa parte, é claro. Certamente mais do que os outros podem ver. Mas há uma maldade lá dentro de mim que ninguém pode ver.

— *Eu sei de tudo.*

— Bem, sabe, é que não é só o meu passado. O meu presente é assim também.

— *Sei como é.*

— Mas eu não sei se vou conseguir me livrar disso no curto prazo.

— *Eu só vim para ajudar esse tipo de gente.*

— O fardo é tão pesado, e só fica mais pesado com o tempo.

— *Então me deixe carregar.*

— Mas é demais...

— *Não para mim.*

— Você não entendeu. As minhas ofensas não foram contra outras pessoas. Foram contra você.

— *Então eu sou a melhor pessoa para perdoá-las.*

— Mas, quanto mais dessa feiura você descobrir, mais rápido você vai se afastar de mim.

— *De modo nenhum o lançarei fora.*

Com uma ousadia que desafia as palavras, Bunyan conclui a sua lista de objeções que levantamos para ir a Jesus. "Esta promessa foi providenciada para responder todas as nossas objeções e, de fato, ela responde." Caso encerrado. Não podemos apresentar uma razão para Jesus fechar de vez o seu coração para suas ovelhas. Não existe razão assim. Todo amigo humano tem o seu limite. Se o ofendermos o suficiente, se o relacionamento for ferido o suficiente, se o trairmos o suficiente, seremos lançados fora. As cortinas se fecham. Com Cristo, pecados e fraquezas são justamente as qualificações em nosso currículo que permitem nos achegarmos a ele. Nada, a não ser vir, é necessário — pela primeira vez, na conversão, e mil vezes mais depois, até que estejamos com ele na morte.

Talvez não sejam nossos pecados, e sim nossas aflições, que nos fazem questionar a perseverança do coração de Cristo. À medida que a dor se acumula, que desce o cansaço, que os meses se passam, em algum momento, a conclusão parece óbvia:

fomos lançados fora. Certamente a vida não seria assim para alguém que está encerrado no coração de um Salvador manso e humilde? Mas Jesus não diz que os que têm vidas fáceis de modo nenhum serão lançados fora. Ele diz que os que vão a ele de modo nenhum serão lançados fora. Não é o que a vida traz a nós, mas a quem pertencemos que determina o coração de amor que Cristo tem por nós.

A única coisa necessária para gozar de tal amor é vir a ele. É pedir que ele nos receba. Ele não diz: "todo aquele que vem a mim contrito o suficiente", ou "todo aquele que vem a mim se sentindo mal o suficiente por seu pecado", ou "todo aquele que vem a mim com esforços redobrados". Ele diz: "Todo aquele que vem a mim, de modo nenhum o lançarei fora".

A nossa força de vontade não faz parte da fórmula para manter a sua boa vontade. Quando Benjamin, meu filho de dois anos, começa a entrar no suave declive da piscina *playa* perto da nossa casa, ele instintivamente se agarra à minha mão. Ele segura firme à medida que a profundidade aumenta. Mas um menino de dois anos não segura tão firme. Na verdade, rapidamente não é mais ele que segura em mim, mas sou eu que o seguro. Deixado à própria força, ele certamente soltaria a minha mão. Mas, se eu determinar que ele não soltará a minha mão, ele estará seguro. Ele não pode me deixar, nem se tentasse.

Ocorre o mesmo com Cristo. Nós nos agarramos a ele, de fato. Mas nosso aperto mais firme tem a força de uma criança de dois anos em meio às ondas turbulentas da vida. O aperto firme dele nunca falha. Salmos 63.8 expressa os dois lados dessa verdade: "Minha alma se apega a ti; tua mão direita me sustenta".

Estamos falando sobre algo mais profundo que a doutrina da segurança eterna ou de que "uma vez salvo, sempre salvo" — uma doutrina gloriosa e verdadeira —, às vezes chamada de perseverança dos santos. Na verdade, de forma mais profunda, estamos falando da doutrina da perseverança do coração de Cristo. Sim, cristãos nominais podem abandonar a fé, provando que nunca estiveram realmente em Cristo. Sim, uma vez que um pecador está unido a Cristo, nada pode desuni-lo. Entretanto, no esqueleto dessas doutrinas, qual é o coração pulsante de Deus, que se tornou tangível em Cristo? O que realmente é mais instintivo para ele quando nossos pecados e sofrimentos se acumulam? O que o impede de esfriar? A resposta é o coração dele. A obra expiatória do Filho, decretada pelo Pai e aplicada pelo Espírito, assegura que estamos eternamente seguros. Mas um texto como João 6.37 nos reassegura de que não se trata apenas do decreto divino, mas também do desejo divino. Esse é o grande prazer dos céus. "Venha a mim", diz Cristo. "Eu o abraçarei com meu mais profundo ser e nunca o abandonarei."

Já parou para pensar no que é verdade sobre você, se você está em Cristo? Para você sair do abraço amoroso do coração de Cristo agora ou na eternidade, o próprio Cristo teria de sair do céu e ser empurrado de volta para o túmulo. A morte e a ressurreição tornam justo para Cristo que ele nunca lance fora os seus, não importa quantas vezes caiam. Mas o que pulsa por trás dessa obra de Cristo é o coração de Cristo. Ele não consegue se separar dos seus, mesmo quando eles merecem ser abandonados.

"Mas eu..."

Levante suas objeções. Nenhuma delas ameaça estas invencíveis palavras: "o que vem a mim, de modo nenhum o lançarei fora."

Para quem está unido a ele, o coração de Cristo não está alugado; ele é a sua nova casa própria. Você não é inquilino, você é filho. O coração dele não é uma bomba-relógio; o coração dele são os pastos verdejantes e as águas de refrigério de infinda segurança de sua presença e conforto, sejam quais forem nossas conquistas espirituais. Ele é assim.

7

O que nossos pecados suscitam

O meu coração se comove.

OSEIAS 11.8

PROVAVELMENTE é impossível conceber o horror do inferno e da ferocidade da justiça retributiva e a ira justa que varrerão aqueles que não estão em Cristo no último dia. Talvez uma palavra como *ferocidade* dê a impressão de que a ira de Deus será descontrolada ou desproporcional. Mas nada há de descontrolado ou desproporcional em Deus.

A razão para sentirmos que a ira divina pode ser facilmente superestimada é que não sentimos o real peso do pecado. Martyn Lloyd-Jones, refletindo sobre isso, disse:

> Você nunca conseguirá sentir que é um pecador, porque há um mecanismo dentro de você, por causa do pecado, que sempre o defenderá contra qualquer acusação. Estamos muito bem conosco e sempre podemos entender bem o nosso lado. Mesmo que tentemos nos fazer sentir que somos pecadores, nunca conseguiremos. Há somente uma forma de saber que somos pecadores, e é por meio de uma noção vaga e obscura de Deus.[1]

---

1   LLOYD-JONES, Martyn. *Seeking the Face of God*: Nine Reflections on the Psalms. Wheaton: Crossway, 2005, p. 34.

Em outras palavras, não sentimos o peso do nosso pecado por causa de um simples fato: o nosso pecado. Se víssemos com maior clareza como o nosso pecado é insidioso, abrangente e revoltante — e, como Lloyd-Jones sugere acima, só podemos ver isso quando virmos a beleza e a santidade de Deus — saberíamos que o mal humano clama por um julgamento de proporções divinas. Mesmo alguém com uma profunda noção do amável coração de Cristo, como Thomas Goodwin, também não tem problema de afirmar que, se "a sua ira contra o pecado for o fogo", então "todos os foles terrenos ainda não [...] poderiam deixar a fogueira quente o suficiente".[2]

Assim como dificilmente podemos conceber a ferocidade divina que espera quem está fora de Cristo, é igualmente verdade que dificilmente podemos conceber a ternura divina que já repousa sobre quem está em Cristo. Podemos nos sentir um pouco tímidos, desconfortáveis ou até culpados ao enfatizar a ternura de Deus com a mesma intensidade de sua ira. Mas a Bíblia não compartilha desse desconforto. Considere Romanos 5.20: "onde abundou o pecado, superabundou a graça" (ARA). A culpa e a vergonha de quem está em Cristo são sempre superadas pela sua abundante graça. Quando sentimos que nossos pensamentos, palavras e ações estão diminuindo a graça de Deus para conosco, esses pecados e falhas na verdade estão fazendo com que ela recaia ainda mais sobre nós.

Porém, vamos aplicar esse princípio inviolável à economia do evangelho. Temos tratado da graça de Deus e como ela sempre vem de modo a satisfazer abundantemente a necessidade por ela. Todavia, no sentido próprio da palavra, a graça não é

---

2   GOODWIN, Thomas. *Of Gospel Holiness in the Heart and Life*, in: *The Works of Thomas Goodwin*. 12 vols. Grand Rapids, MI: Reformation Heritage, 2006, 7:194.

uma "coisa". Isso é a postura da teologia católica romana, em que a graça é como se fosse um tesouro acumulado que pode ser acessado por vários meios cuidadosamente controlados. Mas a graça de Deus vir a nós é nada mais e nada menos que Jesus Cristo vir a nós. No evangelho bíblico, não recebemos uma coisa; recebemos uma pessoa.

Vamos nos aprofundar. O que recebemos quando recebemos a Cristo? Para ser mais preciso, se falamos da graça sendo extraída para encontrar o nosso pecado, mas vindo a nós somente no próprio Cristo, então nos deparamos com um aspecto vital de quem Cristo é — um aspecto bíblico sobre o qual os puritanos amavam refletir: *quando pecamos, o próprio coração de Cristo se achega a nós.*

Isso pode ser um pouco estranho. Se Cristo é perfeitamente santo, então ele não precisa necessariamente se afastar do pecado?

Entramos aqui num dos mistérios mais profundos sobre quem Deus é em Cristo. Não somente a santidade e a pecaminosidade são mutuamente excludentes, mas Cristo, sendo perfeitamente santo, conhece e sente o horror e o peso do pecado mais profundamente que qualquer um de nós, pecadores — assim como, quanto mais puro for o coração de um homem, mais horrorizado ficará ele ao imaginar que seu próximo será roubado ou ferido. Em contrapartida, quanto mais corrupto for o coração de alguém, menos afetado ele será pelos males ao redor.

Continuemos aplicando a analogia. Assim como, quanto mais puro for o coração, mais horrorizado ele estará diante do mal, da mesma forma ele se inclina naturalmente a ajudar, aliviar, proteger e confortar, enquanto um coração corrupto se omite com indiferença. É assim com Cristo. A sua santidade julga revoltante o mal, mais revoltante do que nós jamais sentiremos ser. Mas é exatamente essa santidade que inclina seu coração a nos ajudar, aliviar, proteger e confortar. Novamente, precisamos aprender a crucial distinção entre quem não está em Cristo e quem está em Cristo. Para aqueles que não pertencem a ele, o pecado suscita santa ira. Como poderia um Deus moralmente sério responder de outra forma? Mas, para aqueles que pertencem a ele, os pecados suscitam santo anseio, santo amor, santa ternura. No texto chave sobre a santidade divina (Is 6.1-8), essa santidade (6.3) flui natural e imediatamente em perdão e misericórdia (6.7).

Goodwin explica isso, ao término de seu livro, *The Heart of Christ* [O coração de Cristo] com uma série de aplicações em conclusão. Ao refletir sobre as "consolações e encorajamentos" que são nossos porque Cristo sente a dor de nossos pecados e sofrimentos, ele escreve:

> Há consolo por tais enfermidades, na medida em que nossos próprios pecados o comovem mais à piedade que à ira [...] Pois ele sofre conosco debaixo de nossas enfermidades e, por enfermidades, quero dizer pecados, bem como outras misérias [...] Cristo participa com você e está tão longe de ser provocado contra você, tanto quanto toda a sua ira se vira sobre seu pecado para arruiná-lo. Sim, a sua piedade aumenta mais ainda com relação a você, assim como o coração do pai se comove com certa lamentável doença contraída por seu filho, ou como se trata um membro do corpo contaminado por lepra, sem ódio ao membro — pois ele faz parte de seu corpo —, mas sim à doença, e isso mais lhe suscita piedade pela parte afligida. E não seria o mesmo com nossos pecados, que são tanto contra Cristo quanto contra nós, de modo a constituir novos motivos para sua piedade?

Quanto maior é a miséria, maior é a piedade, quando se ama a vítima. Agora, de todas as misérias, o pecado é a maior. Embora você não o interprete assim, Cristo olha para ele exatamente dessa maneira. E ele, amando a sua pessoa e odiando apenas o pecado, voltará todo seu ódio contra o pecado, e somente o pecado, para libertá-lo dele por sua ruína e destruição. Porém, as suas afeições se comoverão ainda mais por você; e será assim tanto com relação ao pecado quanto com relação a qualquer outra aflição. Portanto, não tema.[3]

O que Goodwin quer dizer?

Se você é parte do corpo do próprio Cristo, seus pecados comovem o fundo de seu coração, sua compaixão e piedade. Ele "participa com você" — isto é, ele fica do seu lado. Ele está do seu lado contra o pecado, e não contra você por causa do seu pecado. Ele odeia o pecado. Mas ele te ama. Segundo Goodwin, entendemos isso ao considerar o ódio de um pai contra uma terrível doença que aflige o seu filho — o pai odeia a doença ao mesmo tempo que ama o filho. De fato, em algum nível, a presença da doença aproxima ainda mais o seu coração do filho.

Isso não significa ignorar o lado disciplinar do cuidado de Cristo pelo seu povo. A Bíblia claramente ensina que os nossos pecados suscitam a disciplina de Cristo (p. ex., Hb 12.1-11). Ele não nos amaria de fato, caso isso não fosse verdade. Mas até isso é um grande reflexo de seu grande coração que bate por nós. Quando uma parte do corpo se machuca, o esforço e a dor de um tratamento físico são necessários. Mas esse tratamento não é uma punição, pois a sua intenção é curar. Ele foi escolhido para tratar aquele órgão.

---

3   GOODWIN, Thomas. *The Heart of Christ*. Edinburgh: Banner of Truth, 2011, p. 155-156.

Vamos passar por uma série de textos do Antigo Testamento neste livro, mas consideremos um deles agora, já que combina vários temas tratados neste capítulo, levando-nos profundamente ao coração de Deus que assume forma concreta em Jesus. Lemos em Oseias 11:

> Porque o meu povo é inclinado a desviar-se de mim; embora clamem ao Altíssimo, nenhum deles o exalta. Como te abandonaria, ó Efraim? Como te entregaria, ó Israel? Como te faria como Admá? Ou como Zeboim? O meu coração se comove, as minhas compaixões despertam todas de uma vez. Não executarei o furor da minha ira; não voltarei para destruir Efraim, porque eu sou Deus e não homem, o Santo no meio de ti; eu não chegarei com ira (Os 11.7-9).

Temos aqui todos os elementos tratados até agora neste capítulo: o povo de Deus, com todo seu pecado, em relação ao coração de Deus, com uma explícita afirmação da santidade de Deus. E qual é a conclusão do texto? A principal observação é a seguinte: justamente enquanto considera o pecado de seu povo, é que o coração de Deus os alcança em compaixão.

Deus olha para o seu povo em toda sua sujeira moral. Eles provaram o seu desvio espiritual vez após vez — não ocasionalmente, mas como um povo "*inclinado* a desviar-se de mim" (v.7). É uma recalcitrância sedimentada. Mas veja só: eles são dele. Então, o que acontece dentro de Deus? Precisamos ter cuidado aqui. Deus é Deus e ele não está à mercê de emoções passageiras da mesma forma que nós criaturas corpóreas, muito menos nós, criaturas corpóreas pecaminosas. Mas o que o texto diz? Temos um raro vislumbre do próprio centro de quem Deus é e vemos e sentimos a convulsão profundamente afetiva que acontece dentro do próprio ser de Deus. O coração dele se inflama com piedade e compaixão por seu povo. Ele simplesmente não consegue desistir deles. Nada poderia fazer com que ele os abandonasse. É o povo dele.

Que pai abandonaria seu amado filho no orfanato, só porque ele se meteu numa encrenca daquelas?

Não desonremos a Deus ao enfatizar tanto a sua transcendência que acabamos por perder a noção da vida emocional de Deus, da qual a nossa vida é um pequenino eco, um eco caído e distorcido.[4] Deus não é um ideal platônico, imóvel, austero, além do alcance de genuíno comprometimento com humanos. Deus é livre de qualquer emoção caída, mas não de toda emoção (ou sentimento) — de onde vêm nossas emoções, afinal, somos imagens de quem?

---

4   Os teólogos chamam essa maneira que a Bíblia trata a vida emocional de Deus de *antropopatismo*. É o paralelo de *antropomorfismo*, em que a Bíblia usa termos humanos para falar de Deus de formas não literais, como, por exemplo, ao falar da "mão" de Deus. O antropopatismo é um pouco mais difícil de entender. O seu objetivo é proteger o fato de que Deus não é como nós em nossa instabilidade emocional. Pelo contrário, ele é completamente perfeito, transcendente e não se afeta por qualquer circunstância como nós somos afetados. Ele é "impassível". Ao mesmo tempo, não devemos ignorar a forma como a Bíblia fala da vida interior de Deus (com termos como o *antropopatismo*) a ponto de tornarmos Deus um poder basicamente platônico divorciado do bem-estar de seu povo. A chave aqui é entender que, embora nada pegue Deus de surpresa e nada possa afetar Deus de fora a ponto de afetar sua perfeição e simplicidade, ele se engaja livremente com seu povo num relacionamento pactual e está genuinamente engajado em seu bem-estar. Se você não considera a noção de "emoção" útil, pense, em vez disso (como os puritanos faziam), nas "afeições" divinas — as disposições do coração de Deus para abraçar seu povo pecaminoso e sofredor. Para explorar mais como Deus é impassível, mas capaz de se emocionar, veja LISTER, Rob. *God Is Impassible and Impassioned: Toward a Theology of Divine Emotion*. Wheaton: Crossway, 2012.

O texto diz que as suas "compaixões despertam todas de uma vez" diante do pecado do seu povo. Quem poderia imaginar que Deus lá no fundo é assim? O texto conecta a suprema santidade de Deus com sua recusa em se entregar à ira. Quem poderia inventar uma coisa dessas? Lemos mais:

> Porque eu sou Deus e não homem, o Santo no meio de ti; eu não chegarei com ira.

É isso que esperávamos que Deus dissesse? De verdade, lá no fundo, você não esperava que ele falasse o seguinte, com pequenas adaptações?

> Porque eu sou Deus e não homem, o Santo no meio de ti; *portanto, eu chegarei* com ira.

A Bíblia diz que, ao olhar para o pecado do seu povo, a sua santidade transcendente — a sua deidade, a sua própria divindade, o que torna Deus diferente de nós — é justamente o que o torna *incapaz* de chegar com ira ao seu povo. A nossa tendência é pensar que, sendo ele Deus e não um de nós, o fato de que ele é santo tornaria ainda mais certo que ele visitaria seu povo pecaminoso com ira. Novamente, somos corrigidos. Saímos das formas naturais de criar Deus à nossa imagem e permitimos que o próprio Deus nos diga quem ele é.

❧

Assim como facilmente temos uma visão diminuta do juízo punitivo de Deus que varrerá quem não está em Cristo, nós facilmente mantemos uma visão diminuta do coração compassivo de Deus varrendo quem está em Cristo. Thomas Goodwin, Oseias 11 e todo o enredo da história bíblica nos fazem perder o fôlego. Os pecados daqueles que pertencem a Deus abrem o dilúvio de compaixão que há no coração de

Deus para nós. A represa se rompe. Não é nossa amabilidade que conquista seu amor. É a nossa falta de amabilidade.

Os nossos corações ofegam para acompanhar esse raciocínio. Não é como o mundo ao nosso redor funciona. Não é como os nossos corações funcionam. Mas nos curvamos em humilde submissão, deixando que Deus estabeleça os termos de seu amor por nós.

8

Perfeitamente

[Jesus] vive sempre para interceder por eles.
HEBREUS 7.25

UMA DAS DOUTRINAS mais negligenciadas na igreja contemporânea é a intercessão celestial de Cristo. Quando falamos sobre a intercessão de Cristo, falamos sobre o que Jesus está fazendo *agora*. Houve uma retomada notável da glória do que Cristo fez *no passado* — em sua vida, morte e ressurreição — para me salvar. Mas e o que ele está fazendo agora? Para muitos, o nosso Jesus funcional não está fazendo muita coisa agora, para falar a verdade. Tudo que precisamos para a salvação, podemos pensar, já foi feito.

Mas não é assim que o Novo Testamento apresenta a obra de Cristo. Vamos passar um tempo considerando a intercessão celestial de Cristo, não só porque ela é negligenciada hoje, mas também porque faz parte da obra de Cristo que reflete singularmente o seu coração.

Para entender o que a intercessão é e como ela tem sido negligenciada, compare-a com a doutrina da justificação. Muito foi escrito, pregado e ensinado sobre essa gloriosa doutrina nos últimos anos — e isso é bom. Ser justificado é ser declarado justo aos olhos de Deus, absolvido juridicamente na corte divina, com base inteiramente no que outra pessoa (Jesus) fez em nosso lugar. Mas os nossos corações foram feitos de tal forma que constantemente decaímos de uma crença contínua nessa plena absolvição. Essa resistência do coração à total remissão perante Deus com base no que Cristo fez se consolidou na teologia medieval e posteriormente na teologia católica romana. Calvino, Lutero e outros reformadores recuperaram e corretamente reequilibraram a doutrina da justificação, e toda geração desde então teve de redescobrir essa doutrina em seu tempo. Este é o aspecto mais contraintuitivo do cristianismo: somos declarados justos diante de Deus não depois de nos recompormos, mas depois de cair a ficha num reconhecimento franco de que nunca o faremos por conta própria.

Entretanto, a justificação enfatiza mais o que Jesus fez no passado, enraizada principalmente na sua morte e ressurreição. "Portanto, *justificados* pela fé, temos paz com Deus, por meio de nosso Senhor Jesus Cristo" (Rm 5.1). Ele morreu e ressuscitou e, à medida que colocamos a nossa fé nele, somos justificados, pois ele morreu a morte que merecemos morrer.

Mas o que ele está fazendo agora?

Não precisamos especular. A Bíblia nos diz. Ele está intercedendo por nós.

A justificação está vinculada ao que Cristo fez no passado. A intercessão é o que ele está fazendo no presente.

Pense assim. O coração de Cristo é uma realidade estável fluindo no decorrer do tempo. Não é como se o seu coração transbordasse por seu povo enquanto ele estava na terra, mas se estancou agora que está no céu. Não é como se o seu coração fluísse como um surto de misericórdia para o levar à cruz, mas agora esfriou, reduzindo-se a uma espécie de indiferença gentil. O seu coração se atrai por seu povo hoje tanto quanto no seu estado de humilhação. *E a presente manifestação de seu coração por seu povo consiste na sua permanente intercessão por ele.*

O que é interceder?

Em termos gerais, interceder significa que um terceiro se coloca entre duas partes e argumenta em prol de uma na presença da outra. Pense em um pai intercedendo por seu filho a um professor ou um empresário intercedendo a um time por um atleta.

Então, o que a intercessão de Cristo significa? Quem são as partes envolvidas? De um lado, há Deus o Pai e, do outro, nós, os crentes. Mas por que Jesus precisaria interceder por nós? Afinal, nós não fomos completamente justificados? O que Cristo ainda precisa pedir em nosso favor? Ele já não fez tudo que precisamos para nos remir completamente? Em outras palavras, será que a doutrina da intercessão celestial de Cristo quer dizer que faltou algo na obra expiatória na cruz? Se podemos falar da obra *completa* de Cristo na cruz, então a doutrina da intercessão sugere que a cruz, na verdade, foi incompleta?

A resposta é que a intercessão aplica o que a expiação conquistou. A intercessão celestial de Cristo no presente em nosso favor reflete a plenitude, vitória e completude de sua obra terrena, e não a sua falta. A expiação alcançou a nossa salvação; a intercessão é a aplicação, momento a momento, dessa obra expiatória. No passado, Jesus fez o que hoje ele clama; hoje, ele clama sobre o que ele fez. É por isso que o Novo Testamento liga justificação e intercessão em textos como Romanos 8.33-34: "Quem trará alguma acusação contra os escolhidos de Deus? É Deus quem os justifica; quem os condenará? Cristo Jesus é quem morreu, ou, pelo contrário, quem ressuscitou dentre os mortos, o qual está à direita de Deus e também intercede por nós". A intercessão é um "atualizar" constante da nossa justificação na corte celestial.

Indo mais fundo, a intercessão de Cristo reflete como o seu resgate é profundamente pessoal. Se conhecêssemos apenas a morte e a ressurreição de Cristo, mas não a sua intercessão, seríamos tentados a ver a nossa salvação em termos excessivamente formais. Pareceria bem mais mecânico do que é verdade ante quem Cristo realmente é. A sua intercessão por nós reflete o seu coração — o mesmo coração que o motivou a viver e a morrer por seu povo é o coração que hoje se manifesta em constante súplica, lembrando e persuadindo a seu Pai para que sempre sejamos bem-vindos.

Isso não significa que o Pai é relutante a nos receber ou que o Filho tem uma atitude mais amorosa para conosco do que o Pai (vamos desenvolver isso no capítulo 14). A obra expiatória do Filho foi um acordo prazeroso entre Pai e Filho na eternidade passada. A intercessão do Filho não reflete a frieza do Pai, mas o absoluto afeto do Filho. Cristo não intercede por nós em razão do coração do Pai ser duro para conosco, mas sim porque o coração do Filho transborda em nossa direção. E o prazer mais profundo do Pai é dizer sim ao pedido do Filho em nosso favor.

Pense em um irmão mais velho torcendo por seu irmão caçula numa corrida. Mesmo se, na reta final, o caçula estiver na liderança e certamente prestes a ganhar a corrida, será que o irmão mais velho iria se sentar, se acalmar e se calar contente? De jeito nenhum — ele está gritando a plenos pulmões exclamações de motivação, afirmação, comemoração, vitória e solidariedade. Ele não consegue ficar quieto. É o mesmo com nosso irmão mais velho.

John Bunyan escreveu um livro inteiro sobre a intercessão celestial de Cristo chamado *Christ a Complete Savior* [Cristo, um Salvador completo]. A certa altura, ele explica como a doutrina da intercessão trata do coração de Cristo. Há um aspecto objetivo na nossa salvação, o que Bunyan considera fazer parte da justificação: Deus "nos justifica, não ao nos dar novas leis ou ao se tornar o nosso exemplo ou por nós o seguirmos, mas por seu sangue derramado por nós. Ele justifica ao nos dar, e não ao tirar de nós"[1]. Porém, soma-se a esse aspecto objetivo do evangelho uma realidade subjetiva. Observe como Bunyan a descreve:

> Da mesma forma que você precisa conhecê-lo, bem como a forma de ele justificar os homens, você também precisa saber da prontidão que há nele para receber e fazer o que eles precisam para se achegar a Deus por meio dele. Suponha que seus méritos fossem [completamente] eficazes, contudo se fosse provado que há certa relutância nele em conceder tais bênçãos aos que procuram recebê-las, poucos se aventurariam a buscá-lo. Porém, hoje, a sua mão está aberta, tanto quanto está cheia. Nada o agrada mais que entregar o que tem, que conceder tais bênçãos a pobres e necessitados.[2]

Ainda que crêssemos plenamente na doutrina da justificação e soubéssemos que todos os nossos pecados foram totalmente perdoados, não viríamos alegremente a Cristo caso ele fosse um austero Salvador. Mas a sua postura hoje nos céus, a sua disposição, o seu desejo mais profundo é derramar o seu coração em nosso favor na presença do Pai. A intercessão de Cristo é o seu coração conectar o nosso coração ao coração do Pai.

---

1   OFFOR, George (ed.) *The Works of John Bunyan*. 3 vols. Edinburgh: Banner of Truth, 1991, 1:221.
2   Ibidem.

O texto de Hebreus 7.25, utilizado por Bunyan em *Christ a Complete Savior*, talvez seja o principal texto no Novo Testamento sobre a doutrina da intercessão de Cristo. Depois de refletir sobre o sacerdócio consistente e permanente de Cristo, o autor conclui:

> Portanto, também pode salvar perfeitamente os que por meio dele se chegam a Deus, pois vive sempre para interceder por eles.

A expressão "perfeitamente" vem do grego *panteles*. É uma palavra que denota completude, abrangência e um todo exaustivo. O único outro lugar em que ela é usada no Novo Testamento é Lucas 13.11, que descreve uma mulher que não podia se endireitar "completamente", pois estivera encurvada por 18 anos.

O que significa dizer que Cristo pode salvar "perfeitamente"? Quem conhece o próprio coração entende. Somos perfeitamente pecadores. Precisamos de um Salvador que nos redima perfeitamente.

Cristo não só nos ajuda. Ele nos salva. Isso pode parecer óbvio para quem já caminha com o Senhor há um tempo. É claro que Jesus nos salva. Mas pense em como o seu coração funciona. Você vê dentro de si um sutil impulso incessante de tentar fortalecer a obra dele com as suas contribuições? Tendemos a viver como se Hebreus 7.25 dissesse que Jesus "pode salvar *quase* perfeitamente os que por meio dele se chegam a Deus". Mas a salvação que Cristo traz é *panteles* — ela é completa. Segundo o raciocínio de Hebreus 7, parece haver um foco especial no aspecto *temporal* dessa salvação. Uma vez que Jesus "tem um sacerdócio inalterável" que "permanece para sempre" (v. 24), diferentemente dos sacerdotes antigos que morriam (v. 23), Cristo "pode salvar perfeitamente". A nossa presença na graça e na família de Deus nunca vão engasgar e morrer, como um motor sem combustível.

Todos tendemos a possuir alguma pequena área da nossa vida em que temos dificuldade de acreditar que o perdão de Deus pode alcançar. Podemos *dizer* que fomos totalmente perdoados. E nós acreditamos sinceramente que os nossos pecados foram perdoados. Na sua maioria, pelo menos. Mas há uma parte tenebrosa lá no fundo da nossa vida, mesmo agora, que parece intratável, horrenda, irrecuperável. "Perfeitamente" em Hebreus 7.25 significa: o toque perdoador, redentor e restaurador de Deus alcança as fendas mais tenebrosas de nossas almas, aqueles lugares de que mais nos envergonhamos, onde mais somos derrotados. Mas pensa só: essas fendas de pecado são justamente os lugares onde Cristo mais nos ama. O seu coração vai para lá de livre e espontânea vontade. O seu coração se atrai *mais ainda* por lá. Ele nos conhece perfeitamente e nos salva perfeitamente, porque o seu coração se atrai por nós perfeitamente. Não podemos pecar e ultrapassar os limites de seu terno cuidado por nós.

Mas como saberemos? O texto nos diz: ele "pode salvar perfeitamente os que por meio dele se chegam a Deus, *pois vive sempre para interceder por eles*". A intercessão celestial de Cristo é a razão de sabermos que ele irá nos salvar perfeitamente.

Eis o que isso significa. O divino Filho nunca deixa (perceba a palavra "sempre") de trazer sua vida, morte e ressurreição sacrificiais perante o seu Pai momento a momento. Segundo Calvino, Cristo "assim volta os olhos de Deus para a sua justiça, afastando-os de nossos pecados, reconciliando de tal modo o coração do Pai para conosco que, por sua intercessão, abre para nós o caminho e o acesso para o trono do Pai".[3] Será que nós entendemos o que isso significa? Observe o bendito realismo da Bíblia. Temos aqui o reconhecimento expresso de que nós cristãos somos pecadores continuamente. Cristo continua a interceder em nosso favor nos céus porque continuamos a fracassar aqui na terra. Ele não nos perdoa por meio de sua obra na cruz e então espera que nos resolvamos com o resto. Pense num planador, sustentado nos céus por um avião, prestes a ser solto para flutuar até o chão. Nós somos o planador. Cristo é o avião. Mas ele nunca nos solta. Ele nunca nos abandona, desejando uma boa viagem, com a esperança de que nos viremos para arranjar um caminho para o céu no restante da jornada. Ele nos carrega o tempo todo.

Uma forma de pensar na intercessão de Cristo, portanto, é simplesmente esta: Jesus ora por você ainda hoje. Segundo o teólogo Louis Berkhof, "é um pensamento consolador saber que Cristo ora por nós, mesmo quando somos negligentes em nossa vida de oração".[4] A nossa vida de oração não cheira bem na maior parte do tempo. Mas e se você soubesse que Jesus está orando por você na sala ao lado? Poucas coisas nos acalmariam mais.

A doutrina da intercessão celestial de Cristo por nós costuma ser negligenciada. Isso é ruim, porque a sua verdade consoladora flui diretamente do coração de Cristo. Enquanto a doutrina da expiação nos assegura do que Cristo já fez no

---

3   CALVINO, João. *A instituição da religião cristã*. Tomo I. Trad. Carlos Eduardo de Oliveira et al. São Paulo: Editora UNESP, 2008. 2.16.16. Texto adaptado.

4   BERKHOF, Louis. *Systematic Theology*. Edinburgh: Banner of Truth, 1958, p. 400.

passado, a doutrina da sua intercessão nos assegura do que ele está fazendo no presente.

Se você está em Cristo, você tem um intercessor, um mediador neste exato momento, que está comemorando alegremente com seu Pai um motivo bom o suficiente para abraçá-lo no mais fundo de seu coração. Richard Sibbes escreveu:

> Que consolo é saber, na nossa ida diária ao Senhor, para nos dar ousadia em todos os nossos pedidos, que vamos a Deus em nome de quem ele ama, em quem ele se compraz, que temos um amigo em juízo, um amigo no céu por nós, que está à destra de Deus e se interpõe entre ele e nós, torna-nos aceitáveis em todos os nossos pedidos, que aromatiza as nossas orações e as torna aceitáveis [...] Portanto, traga em todos os seus pedidos a Deus o nosso irmão mais velho [...] Deus olha para nós com amor nele e se compraz em nós, pois somos membros dele.[5]

O nosso pecado nos estraga perfeitamente. Mas a sua salvação também nos alcança perfeitamente. E o seu salvar sempre supera e ultrapassa o nosso pecar, porque ele sempre vive para interceder por nós.

---

5   SIBBES, Richard. *A Description of Christ* in: GROSART, A.B. (ed.) *The Works of Richard Sibbes*. 7 vols. Edinburgh: Banner of Truth, 1983, 1:13.

9

Um advogado

Temos um Advogado junto ao Pai, Jesus Cristo, o justo.
1João 2.1

UMA IDEIA parecida com a de intercessão é a advocacia. As duas noções se sobrepõem, mas há uma nuance ligeiramente diferente entre as palavras gregas para cada uma delas. A intercessão transmite a noção de uma mediação entre duas partes a fim de reuni-las. A advocacia é semelhante, mas possui a noção de se alinhar com outra pessoa. Um intercessor se posiciona entre as partes; um advogado não apenas se posiciona entre as duas partes, mas se adianta e se junta a uma das partes quando esta se encontra com a outra. Jesus não é só um intercessor, mas um advogado. Da mesma forma que a intercessão, a advocacia de Cristo é uma doutrina negligenciada na igreja contemporânea, embora flua diretamente das profundezas do coração do próprio Cristo.

Bunyan escreveu um livro sobre Hebreus 7.25, o principal texto sobre a intercessão celestial de Cristo. Ele escreveu outro sobre 1João 2.1, o principal texto sobre a advocacia celestial de Cristo, o qual diz:

Meus filhinhos, eu vos escrevo estas coisas para que não pequeis; mas, se alguém pecar, temos um Advogado junto ao Pai, Jesus Cristo, o justo.

A mensagem do Novo Testamento sobre a graça faz diferença moralmente. O evangelho nos conclama a deixar o pecado. João afirma expressamente que escreveu sua carta a fim de que seus leitores não pecassem. Se essa fosse a única mensagem da carta, já seria uma exortação válida e adequada. Mas nos esmagaria. Precisamos não só de exortação, mas também de libertação. Precisamos de Cristo não só como rei, mas também como amigo. Não apenas acima de nós, mas também próximo a nós. E é isto que diz o final do versículo:

> mas, se alguém pecar, temos um Advogado junto ao Pai, Jesus Cristo, o justo.

A palavra grega traduzida em 1João 2.1 como "advogado" (*parakletos*) é utilizada cinco vezes no Novo Testamento. As outras quatro ocorrências se encontram no discurso no cenáculo em João 14—16, todas se referindo ao ministério do Espírito Santo depois da ascensão de Cristo (14.16, 26; 15.26; 16.7). É difícil capturar o sentido de *parakletos* com apenas uma palavra em português. A dificuldade se reflete na diversidade de traduções, incluindo "Consolador" (Almeida 21, ARA, ARC, ACF, NBV), "Auxiliador" (NTLH), "Conselheiro" (NVI), "Encorajador" (NVT), "Paráclito" (TB, TEB, BJ) "Advogado" (KJA) e "Valedor" (Bíblia do Peregrino). Muitas dessas traduções possuem uma nota indicando outras leituras possíveis, refletindo a dificuldade de capturar *parakletos* com uma única palavra em nosso idioma. A ideia é que alguém aparece em favor de outra pessoa. Talvez "advogado" seja a palavra mais próxima em português para expressar o papel de um *parakletos*. (Alguns teólogos latinos dos primeiros séculos cristãos como Tertuliano e Agostinho frequentemente traduziam o *parakletos* do Novo Testamento como *advocatus*.)[1]

O texto de 1João prossegue imediatamente para dizer que Jesus também é a "propiciação pelos nossos pecados" (1João 2.2). Jesus como "nossa propiciação" significa que ele aplaca ou desvia a justa ira do Pai contra nossos pecados. É um termo jurídico que descreve uma realidade objetiva. Cristo, nosso advogado, com certeza transmite uma conotação jurídica para nós, mas, na antiga literatura grega fora do Novo Testamento, tem mais a ver com uma realidade mais subjetiva, expressando uma profunda solidariedade. Jesus compartilha conosco de nossa real experiência. Ele sente o que sentimos. Ele se aproxima. E ele se manifesta caridosamente em nosso favor.

De quem ele é advogado? O texto nos responde: "de qualquer um". A única qualificação exigida é o desejo de ser representado por ele.

Quando receberemos os benefícios de sua advocacia? O texto não nos responde que "teremos um advogado", mas que "temos um advogado". Todos que estão em Cristo têm, neste exato momento, alguém falando por eles.

Por que esse advogado é capaz de nos ajudar? O texto nos responde: ele é "justo". Ele e ele somente. Nós somos injustos, ele é justo. Até o nosso melhor arrependimento por nossos pecados se contamina com mais pecado precisando de perdão. Vir ao Pai sem um advogado é desesperador. Estar assistido por um advogado, que veio e me buscou em vez de esperar

---

1   DANKER, F.W. (ed.) *A Greek-English Lexicon of the New Testament and Other Early Christian Literature*. 3ª ed. Chicago: University of Chicago Press, 2000, p. 766.

que eu o procurasse, que é justo de todas as formas que não sou — essa é a nossa serena confiança diante do Pai.

❧

Vamos olhar mais de perto a diferença entre a intercessão de Cristo e a sua advocacia ao notar a diferença entre Hebreus 7.25 e 1João 2.1. Hebreus 7.25 afirma que Cristo sempre vive para interceder por nós, enquanto 1João 2.1 afirma que "se alguém pecar, temos um Advogado".

Você percebe a diferença? A intercessão é algo que Cristo sempre faz, em contraste à advocacia que é feita quando surge a ocasião certa. Aparentemente ele intercede por nós em razão de nossa pecaminosidade geral, enquanto advoga por nós em relação a pecados específicos. Bunyan explica da seguinte forma:

> Cristo, como sacerdote, vai antes, e Cristo, como advogado, vem depois.
>
> Cristo, como sacerdote, intercede continuamente; Cristo, como advogado, no caso de grandes transgressões, pleiteia.
>
> Cristo, como sacerdote, precisa agir sempre, mas Cristo, como advogado, apenas às vezes.
>
> Cristo, como sacerdote, age nos tempos de paz, mas Cristo, como advogado, em tempos de brigas, tumultos e duros litígios. Portanto, Cristo, como advogado, constitui, por assim dizer, uma reserva, e sua oportunidade de se levantar e pleitear é quando os seus estão revestidos de algum pecado imundo em que ultimamente têm caído.[2]

Observe a natureza *pessoal* da advocacia de Cristo. Não é uma parte estática de sua obra. A sua advocacia se monta

---

2   BUNYAN, John. *The Work of Jesus Christ as an Advocate*, in: OFFOR, G. (ed.) *The Works of John Bunyan*. 3 vols. Edinburgh: Banner of Truth, 1991, 1:169.

quando a ocasião exige. Em nenhum lugar a Bíblia ensina que, depois de sermos unidos salvificamente a Cristo, pecados horrendos se tornam uma coisa do passado. Pelo contrário, é durante o nosso estado regenerado que nos sensibilizamos mais profundamente com a impropriedade de nossos pecados. Os nossos pecados parecem muito mais pecaminosos depois de nos tornarmos crentes do que antes. E não é apenas a percepção que sentimos de nossa pecaminosidade que continua. Realmente continuamos pecando depois de nos tornarmos crentes. Às vezes, são uns pecados bem grandinhos. E é para isso que a advocacia de Cristo serve. É a maneira de Deus nos encorajar a não jogar a toalha. Sim, nós falhamos enquanto discípulos de Cristo. Mas a sua advocacia em nosso favor supera os nossos pecados. A sua advocacia fala mais alto que nossas falhas. Ele vai cuidar de cada detalhe.

Quando pecar, lembre-se de que sua posição jurídica diante de Deus por conta da obra de Cristo. Todavia, lembre-se também do seu advogado perante Deus por causa do coração de Cristo. Ele se levanta e defende a sua causa, baseado nos méritos dos sofrimentos e morte dele. A sua salvação não se trata de uma fórmula salvadora, mas de uma pessoa salvadora. Quando você peca, a força da determinação dele cresce ainda mais. Quando os seus irmãos e irmãs fracassam e tropeçam, ele advoga por eles, *porque ele é assim*. Ele não aguenta deixar que nos defendamos sozinhos.

Considere a sua vida. Como você pensa que é a atitude de Jesus com aquele cantinho escuro da sua vida que só você conhece? Aquela dependência exagerada do álcool. Aquele temperamento que explode vez ou outra. Aquele negócio mal explicado com suas finanças. Aquela vontade inveterada de agradar as pessoas que parece gentileza, mas você sabe ser temor dos homens. Aquele ressentimento entrincheirado que vaza em acusações pelas costas. Aquele hábito de usar pornografia. Quem *é* Jesus, nesses momentos de trevas espirituais? Não estou perguntando quem ele é depois que você vence esse pecado, mas quem ele é quando você está bem no meio desse pecado? O apóstolo João diz: ele é aquele que se levanta e desafia todos os acusadores. Segundo Bunyan, "Satanás tem a primeira palavra, mas Cristo tem a última. Satanás fica sem palavras depois do argumento de nosso Advogado".[3] Jesus é o nosso paráclito, o nosso defensor reconfortante, aquele mais próximo do que esperávamos, e o seu coração é tal que ele se levanta e fala em nossa defesa *quando* pecamos, não depois que passamos por isso. Nesse sentido, a sua advocacia já é a nossa vitória sobre o pecado.

De fato, somos convocados a deixar os nossos pecados, e nenhum cristão saudável sugeriria o contrário. Quando escolhemos pecar, abandonamos a nossa verdadeira identidade como filhos de Deus, chamamos a miséria para as nossas vidas e desagradamos o nosso Pai celestial. Somos chamados a amadurecer em direção a níveis mais profundos de santidade pessoal à medida que caminhamos com o Senhor, aumentamos nossa consagração e atingimos novos degraus de obediência. Contudo, quando não o fazemos — quando escolhemos pecar —, ainda que abandonemos nossa verdadeira identidade, o nosso Salvador não nos abandona. É nesse exato momento que o seu coração entra em erupção em nosso favor numa advocacia renovada nos céus, com uma defesa ressoante que silencia todas as acusações, surpreende os anjos e celebra o abraço do Pai em nós, a despeito de toda nossa bagunça.

---

3   Ibid, 1:194.

Que tipo de cristão essa doutrina cria?

Seres humanos caídos são advogados naturais de si próprios. É o que flui naturalmente. Justificativas e defesas de si. Não precisamos ensinar criancinhas a inventar desculpas quando são pegas em flagrante. Há um mecanismo natural embutido que imediatamente entra em ação para ajudá-las a se justificar. Os nossos corações caídos intuitivamente fabricam razões para que o nosso caso não seja tão ruim assim. A Queda se manifesta não só no nosso pecar, mas também na nossa resposta ao pecar. Minimizamos, damos desculpas, explicamos de todo jeito. Em resumo, nós falamos, mesmo que apenas em nossos corações, em nossa defesa. Advogamos em causa própria.

E se nunca mais precisássemos advogar em causa própria porque já temos alguém cuidando disso? E se esse advogado soubesse exaustivamente sobre como somos caídos, mas fosse capaz de fazer uma defesa melhor que qualquer um de nós? Sem colocar a culpa em outra pessoa, sem desculpas esfarrapadas — que são nossas estratégias mais comuns —, mas perfeitamente justo, apontando para o seu sacrifício totalmente suficiente e os sofrimentos na cruz em nosso lugar? Seríamos livres. Livres da necessidade de nos defender, de aumentar nosso valor próprio por nossos esforços, de desfilar silenciosamente nossas virtudes na frente dos outros, enquanto dói no nosso subconsciente saber de nossas inferioridades e fraquezas. Podemos deixar a nossa causa com Cristo, o único que é justo.

Bunyan explica melhor:

> Cristo pagou por nós o preço de sangue, mas isso não é tudo. Cristo, como Capitão, venceu a morte e a sepultura por nós, mas isso não é tudo. Cristo, como sacerdote, intercede por nós nos céus, mas isso não é tudo. O pecado ainda está em nós e conosco, e se intromete em tudo que fazemos, quer no âmbito religioso, quer no civil. Pois não

só nossas orações e nossos sermões, nosso ouvir e nosso pregar, mas nossas casas, nossas lojas, nossos negócios e nossas camas estão todos poluídos com pecado.

Nem o diabo, nosso adversário de dia e de noite, se cansa de contar nossas transgressões ao Pai, argumentando que deveríamos ser deserdados para sempre por isso.

Mas o que faríamos, se não tivéssemos um advogado. Sim, se não tivéssemos alguém para nos defender. Sim, se não fosse por aquele que pode vencer e que fielmente executaria o seu ofício por nós? Bem, a morte seria certa.

Porém, já que somos resgatados por ele, vamos, quanto a nós, colocar a mão em nossa boca e nos calar.[4]

Não minimize o seu pecado, nem dê desculpas por ele. Não se defenda. Simplesmente o leve àquele que já está à direita do Pai, advogando por você com base nas feridas dele mesmo. Que a sua injustiça, em toda sua escuridão e desespero, leve-o a Jesus Cristo, o justo, em toda a sua luz e suficiência.

---

4   Ibid, 1:197.

10

A beleza do coração de Cristo

Quem ama seu pai ou sua mãe mais
do que a mim não é digno de mim.

Mateus 10.37

Em agosto de 1740, Jonathan Edwards pregou um sermão exclusivamente para as crianças da sua congregação, de um a catorze anos. Imagine o grande teólogo preparando, ali no seu escritório em Northampton, Massachusetts, pensando no que dizer às crianças de seis, oito ou dez anos da sua igreja. O sermão preparado por ele totalizava doze pequenas páginas com sua caligrafia fina e floreada. O cabeçalho da primeira página diz simplesmente: "Para as crianças, agosto de 1740".

O que você esperaria que o maior teólogo da história dos Estados Unidos dissesse às crianças de sua congregação? Aqui vai o principal ponto de Edwards: "As crianças devem amar o Senhor Jesus Cristo acima de todas as coisas no mundo"[1].

---

1   EDWARDS, Jonathan. "Children Ought to Love the Lord Jesus Christ Above All," in: STOUT, Harry & HATCH, Nathan (ed.) *The Works of Jonathan Edwards*.V. 22, *Sermons and Discourses 1739–1742*. New Haven, CT: Yale University Press, 2003, p. 171.

O texto que ele usou foi Mateus 10.37: "Quem ama seu pai ou sua mãe mais do que a mim não é digno de mim". Foi um sermão curto, levando talvez quinze a vinte minutos para pregar. Nele, Edwards lista seis razões para que as crianças amem a Jesus mais do que qualquer outra coisa na vida. A primeira é:

> Não há amor tão grande e tão profundo quanto o que há no coração de Cristo. Ele se agrada da misericórdia, ele está pronto a se compadecer daqueles que sofrem e se entristecem por suas circunstâncias, ele se alegra com a felicidade de suas criaturas. O amor e a graça que Cristo manifestou excedem tanto ao que há neste mundo quanto o sol brilha mais que uma vela. Os pais muitas vezes são cheios de bondade para com seus filhos, mas não há bondade como a de Cristo.

A primeira coisa que sai da boca de Jonathan Edwards, ao exortar as crianças de sua igreja a amar Jesus mais que qualquer coisa neste mundo, é o coração de Cristo. Neste sermão e por todos os seus escritos, Edwards toma uma direção diferente que Goodwin e outros teólogos tomariam. Quando Edwards fala sobre o coração de Cristo, ele costuma enfatizar a beleza ou a amabilidade de seu gracioso coração. E vale a pena gastar um capítulo com isso.

Veja novamente o que Edwards diz: "Não há amor tão grande e tão profundo quanto o que há no coração de Cristo."

Os seres humanos foram criados com uma atração nata pela beleza. Somos arrebatados por ela. Edwards entendeu isso profundamente e percebeu que essa atração magnética pela beleza também ocorre em coisas espirituais — na verdade, Edwards poderia dizer que essa beleza espiritual projeta em toda outra beleza sua sombra ou eco. Ao longo de seu ministério, Edwards também buscou impressionar as pessoas com a beleza de Cristo, e isso é tudo que ele está fazendo com as crianças de sua igreja em agosto de 1740. Posteriormente em seu sermão, ele nota: "tudo que é amável em Deus está em Cristo e tudo que é ou pode ser amável no homem está nele: pois ele é homem tanto quanto é Deus, e ele é o homem mais santo, mais manso, mais humilde e o mais excelente de todas as formas que já existiu".[2]

Toda amabilidade possível está em Jesus, pois "ele é o homem mais santo, mais manso, mais humilde e o mais excelente de todas as formas que já existiu". Essa forma de falar sobre a mansidão e humildade de Cristo é exatamente como Cristo descreve o seu coração em Mateus 11.29. Em outras palavras, é o gentil coração de Cristo que adorna sua beleza ou, ainda de outra forma, o que mais profundamente nos atrai a Cristo é o seu coração manso, terno e humilde.

Atualmente é comum em nossas igrejas nos referirmos à glória de Deus e à glória de Cristo. Mas o que há na glória de Deus que nos atrai e nos faz conquistar os nossos pecados e nos torna pessoas radiantes? É a pura magnitude de Deus, uma consideração da imensidão do universo e, portanto, de seu Criador, uma percepção da grandeza transcendente de Deus, que nos atrai a ele? Não, Edwards diria, é a amabilidade de seu coração. Segundo ele, é "uma visão da beleza divina de Cristo que dobra as vontades e atrai os corações dos homens. Uma visão da grandeza de Deus em seus atributos pode subjugar os homens". No entanto, ver a grandeza de Deus não é a nossa mais profunda necessidade, mas sim ver a sua bondade. Ao ver apenas a sua grandeza, "a inimizade e

---

2   Ibid, 22:172.

a oposição do coração podem permanecer em sua plena força e a vontade pode resistir inflexível; enquanto um vislumbre da glória moral e espiritual de Deus e a suprema amabilidade de Jesus Cristo, brilhando no coração, vence e abole essa oposição e inclina a alma a Cristo, por assim dizer, por um poder onipotente".[3]

Somos atraídos a Deus pela beleza do coração de Jesus. Quando pecadores e sofredores vêm a Cristo, Edwards diz em outro sermão, "a pessoa que encontram é extremamente excelente e amável". Pois eles vêm àquele que não só "tem excelente majestade e perfeita pureza e luz", mas também em quem essa majestade "se conjuga à mais doce graça, que se reveste com brandura, mansidão e amor".[4] Jesus está "extremamente pronto para os receber". Devido à sua pecaminosidade, eles ficam chocados ao descobrir que os seus pecados o tornam ainda mais disposto a absorvê-los em seu coração. "Inesperadamente eles o descobrem de braços abertos para abraçá-los, pronto para perdoar todos os seus pecados como se estes nunca tivessem existido."[5]

Em outras palavras, quando vamos a Cristo, ficamos impressionamos com a beleza de seu receptivo coração. É justamente essa surpresa que nos atrai.

---

3   EDWARDS, Jonathan. "True Grace, Distinguished from the Experience of Devils," in: KIMNACH, Wilson H. *The Works of Jonathan Edwards*. V. 25, *Sermons and Discourses, 1743–1758*. New Haven, CT: Yale University Press, 2006, p. 635.

4   EDWARDS, Jonathan. "Seeking After Christ," in STOUT, Harry & HATCH, Nathan (ed.) *The Works of Jonathan Edwards*. V. 22, *Sermons and Discourses 1739–1742*. New Haven, CT: Yale University Press, 2003, p. 289.

5   Ibid., 22:290.

Já paramos para pensar na amabilidade do coração de Cristo?

Talvez a beleza não seja uma categoria de que lembremos naturalmente quando pensamos sobre Cristo. Talvez pensemos sobre Deus e Cristo em termos de verdade, não de beleza. Mas o motivo pelo qual nos preocupamos com a sã doutrina é para preservar a beleza de Deus, assim como o motivo pelo qual nos preocupamos em ter boas lentes focais em uma câmera é para capturar com precisão a beleza que fotografamos.

Permita que Jesus o atraia com a amabilidade de seu coração. Esse coração repreende o impenitente com todo o rigor necessário, mas abraça o arrependido com mais abertura do que podemos sentir. É um coração que caminha conosco pela brilhante campina do amor sensível de Deus. É um coração que atrai o desprezado e abandonado a seus pés em esperança que se esquece de si. É um coração de perfeito equilíbrio e proporção, nunca exagerando, nunca se desculpando, nunca explodindo. É um coração que transborda de desejo pelo destituído. É um coração que inunda o que sofre com o profundo consolo da solidariedade compartilhada nesse sofrimento. É um coração manso e humilde.

Portanto, deixe o coração de Jesus ser não apenas manso, mas também amável para você. *Apaixone-se* pelo coração de Jesus, por assim dizer. Tudo que quero dizer é que você precisa meditar sobre o coração dele. Permita-se se encantar. Por que não incluir na sua vida uma quietude sem pressa em que, ao lado de outras disciplinas, você considera o esplendor de quem ele realmente é, o que mais o anima, o seu mais profundo deleite? Por que não dar espaço a sua alma para se reencantar com Cristo vez após vez?

Quando você olha para os santos mais experientes e gloriosos da sua igreja, como você acha que eles chegaram ali? Pela sã doutrina, sim. Pela obediência resoluta, sem dúvida. Pelo sofrimento sem cair no cinismo, é claro. Mas, talvez tenha outra razão, talvez a razão mais profunda seja que eles, com o passar do tempo, foram conquistados em suas afeições mais profundas pelo manso Salvador. Quem sabe eles simplesmente provaram, ao longo dos anos, a surpresa de um Cristo que é atraído justamente por seus pecados, em vez de ser repelido por eles. Talvez eles não só aprenderam que Jesus os ama, mas também o sentiram.

Não podemos terminar este capítulo sem pensar sobre as crianças na nossa vida. Jonathan Edwards contou às crianças que conhecia: "não há amor tão grande e tão maravilhoso quanto aquele que há no coração de Cristo". Como podemos nós, nos nossos dias e do nosso jeito, fazer o mesmo?

Do que as crianças que cumprimentamos nos corredores da igreja mais precisam? Lá no fundo? Sim, precisam de amigos, apoio, educação e boas refeições. Mas talvez a sua necessidade mais genuína, aquilo que mais as sustentará e oxigenará quando todas as outras necessidades vitais faltarem, seja sentir a atratividade de quem Jesus é para elas? Como ele realmente se sente em relação a elas?

Com os nossos filhos, se formos pais, qual é a nossa responsabilidade? Essa questão poderia ser respondida com cem respostas diferentes igualmente válidas. Porém, como mais central, a nossa responsabilidade é mostrar a nossos filhos que até o melhor em nosso amor é nada mais que uma sombra de um amor maior. Para deixar mais claro, tornar o terno coração de Cristo irresistível e inesquecível. O nosso objetivo é que nossos filhos deixem nossa casa na maioridade e não sejam capazes, pelo resto de suas vidas, de crer que seus pecados e sofrimentos repelem Cristo.

Esse talvez tenha sido o maior presente que meu pai me deu. Ele ensinou a meus irmãos e a mim a sã doutrina à medida que crescíamos, é claro — o que, por si só, já é uma negligência palpável na vida familiar evangélica atualmente. Mas tem algo mais que ele me mostrou que entra mais fundo que as verdades sobre Deus — o coração de Deus, demonstrado em Cristo, o amigo de pecadores. Meu pai mostrou a beleza desse coração para mim. Ele não me impôs isso, ele me atraiu para isso. Nós também temos o privilégio de encontrar formas criativas de atrair as crianças ao nosso redor ao coração de Jesus. O seu desejo é se aproximar de pecadores e sofredores de forma não apenas verdadeira doutrinariamente, mas também atraente esteticamente.

11

A vida emocional de Cristo

Ao ver chorando Maria e os judeus que a acompanhavam,
Jesus agitou-se no espírito e perturbou-se.

João 11.33 (NVI)

UMA DAS doutrinas da cristologia que é difícil para alguns cristãos entenderem bem é a humanidade permanente de Cristo. A impressão parece ser que o Filho de Deus desceu dos céus em forma encarnada, passou umas três décadas como ser humano e então retornou aos céus para retornar ao seu estado pré-encarnado.

Mas isso é um erro cristológico, talvez até pura heresia. O Filho de Deus se revestiu da humanidade e nunca se desfará dela. Ele se tornou homem e sempre será homem. Aí está a importância da doutrina da ascensão de Cristo: ele foi ao céu com o próprio corpo, refletindo sua plena humanidade, que ressuscitou dentre os mortos. Ele é e sempre será divino também, é claro. Mas a sua humanidade, depois de assumida, nunca acabará. Em Cristo, diz o Catecismo de Heidelberg, "temos a nossa própria carne nos céus" (p. 49).

Uma consequência dessa verdade da humanidade permanente de Cristo é que, ao vermos os sentimentos, paixões e afeições do Cristo encarnado para com pecadores e sofredores nos quatro Evangelhos, *podemos ver quem Jesus ainda é hoje*. O Filho não recuou ao estado divino desencarnado em que ele existia antes da encarnação.

E essa carne assumida pelo Filho era verdadeira, plena e completamente humana. Jesus foi a pessoa mais verdadeiramente humana que já existiu. Antigas heresias como o eutiquianismo e o monofisismo viam Jesus como uma espécie de mistura entre o humano e o divino, um ser híbrido singular que está em algum lugar entre Deus e o homem — tais heresias foram condenadas no quarto concílio ecumênico em Calcedônia (na Turquia moderna), em 451 d.C. Formulado por esse concílio, o Credo Calcedônico fala de Jesus como "verdadeiramente Deus e verdadeiramente homem" e não como uma mistura incompleta dos dois. O que quer que signifique ser humano (e ser humano sem pecado), isso Jesus foi e ainda é. E emoções fazem parte de ser humano. É claro que as nossas emoções foram infectadas pela Queda, assim como cada parte da humanidade caída foi afetada pela Queda. Mas as emoções não são resultado da Queda, por si só. Jesus experimentou todo o espectro de emoções que sentimos (Hb 2.17; 4.15).[1] Como Calvino colocou, "o Filho de Deus, tendo se revestido da nossa carne, por sua iniciativa também se revestiu de sentimentos humanos, para que em nada diferisse de seus irmãos, com exceção do pecado".[2]

B. B. Warfield (1851-1921), o grande teólogo de Princeton, escreveu um famoso ensaio em 1912 chamado "A vida emocional de nosso Senhor". Ali, ele explorou o que os Evangelhos revelam sobre a vida interior de Cristo, o que Warfield

---

1   WARFIELD, B.B. *The Person and Work of Christ*. Oxford, UK: Benediction Classics, 2015, p. 137-138.

2   CALVINO, João. *Commentary on the Gospel according to John*. V. 1, trad. William Pringle (Grand Rapids, MI: Baker, 2003), p. 440.

chama de sua vida "emocional". Warfield não quer dizer o que normalmente associamos à palavra *emocional* — desequilíbrio, reações descontroladas, impulsos sentimentais de uma forma anormal. Ele simplesmente observa o que Jesus *sentia*. À medida que reflete sobre as emoções de Cristo, Warfield observa repetidamente como elas fluem do mais fundo de seu coração.

Então, o que vemos nos Evangelhos sobre a vida emocional de Jesus? Como seria uma vida emocional piedosa? É uma vida interior de perfeito equilíbrio, proporção e controle, por um lado, mas também com amplo leque de sentimentos, por outro.

Warfield considera várias emoções que vemos refletidas em Jesus nos Evangelhos. Duas delas, a compaixão e a raiva, são exploradas de modo a compor o nosso estudo sobre o coração de Cristo.

Warfield começa o seu estudo sobre emoções específicas na vida de Cristo da seguinte forma:

> A emoção que mais naturalmente esperaríamos encontrar atribuída a Jesus com maior frequência, sabendo que toda sua vida foi uma missão de misericórdia e cujo ministério foi tão marcado por obras de caridade que seus seguidores o resumiram como "fazendo o bem" (At 11.38) pela terra, sem dúvida seria a "compaixão". Na verdade, essa é a emoção que mais frequentemente se atribui a ele.[3]

Posteriormente, ele cita exemplos específicos da compaixão de Cristo. Em geral, ele está tentando nos ajudar a ver que Jesus não opera somente com atos externos de compaixão, mas que ele realmente sente os tremores internos e as emoções

---

3   WARFIELD, *Person and Work of Christ*, p. 96.

flutuantes de dó pelos menos favorecidos. Quando cegos, coxos e aflitos recorriam a Jesus, "o seu coração respondia com um profundo sentimento de dó por eles. A sua compaixão se cumpria em seu ato externo, mas o que se enfatiza pelo termo empregado para expressar a resposta de nosso Senhor é [...] o profundo movimento interno de sua natureza emocional".[4] Ouvir o clamor, por exemplo, dos dois cegos para que pudessem ver (Mt 20.30-31), do leproso por purificação (Mc 1.40) ou ao simplesmente ver uma viúva aflita por não ter seu pedido atendido (Lc 7.12), "transbordava de dó o coração do Senhor".[5]

Em cada um desses casos, descreve-se Jesus como agindo com o mesmo estado interno (Mt 20.34; Mc 1.41; Lc 7.13). A palavra grega é *splanchnizo*, que é frequentemente traduzida como "ter compaixão". Mas a palavra denota mais que dó passageira; ela se refere a uma profundidade emocional em que os seus sentimentos e anseios se agitam dentro de você. A forma nominal desse verbo significa, literalmente, as entranhas ou intestinos de alguém.

Contudo, Warfield é especialmente perspicaz ao notar a consequência dessa compaixão para a forma como entendemos quem Jesus era e como funcionava a sua vida emocional interna. Ao longo deste ensaio, Warfield reflete sobre o fato de que Jesus foi o único ser humano perfeito que já andou sobre a face da terra. Como, então, devemos entender a sua vida emocional e uma emoção como a compaixão? O que ele nos ajuda a entender é que as emoções de Cristo excedem as nossas em sua profundidade, porque ele foi verdadeiramente humano (e não uma mistura divino-humana) e porque ele foi um ser humano perfeito.

---

4   Ibid., p. 97-98
5   Ibid., p. 98.

Talvez um exemplo ajude a esclarecer. Eu me recordo de passear pelas ruas de Bangalore, na Índia, há alguns anos. Eu tinha acabado de pregar numa igreja da cidade e estava esperando a minha carona. Logo na porta da igreja estava um homem mais velho, aparentemente sem-teto, sentado num grande caixote. As suas roupas estavam batidas e sujas. Faltavam-lhe vários dentes. A maioria dos seus dedos estava carcomida. Era evidente que ele não só se machucara, mas que sofrera lentamente severa deterioração. Ele era um leproso.

O que aconteceu no meu coração naquele momento? Com o meu coração caído e instável? A compaixão aconteceu. Um pouquinho, pelo menos. Mas foi uma compaixão morna. A Queda me estragou por inteiro, inclusive as minhas emoções. As emoções caídas não só exageram pecaminosamente; elas também não são fortes o suficiente. Por que o meu coração podia ser tão frio diante desse miserável senhor? Porque eu sou pecador.

Como seria, então, para um homem sem pecado com emoções perfeitamente funcionais botar os olhos naquele leproso? O pecado restringia meus sentimentos de compaixão. Como seria um sentimento irrestrito de compaixão?

Era assim que Jesus se sentia. Uma compaixão perfeita, sem filtros. Como seria isso, crescendo dentro dele? Como seria um sentimento de dó perfeito, mediado não mais por um oráculo profético no Antigo Testamento, mas por meio de um ser humano real e concreto? E se esse ser humano ainda for humano, ainda que hoje nos céus, e olhasse para cada um de nós, leprosos espirituais, em compaixão sem filtros, com uma afeição transbordante sem ser limitada pelo ensimesmamento pecaminoso que restringe a nossa compaixão?

E não é só a compaixão. Como seria a raiva perfeita? Talvez este seja o ponto chave da contribuição do ensaio seminal de Warfield e possa traçar uma questão crescente na sua cabeça ao longo deste estudo sobre o coração de Cristo. A saber, como essa ênfase sobre o coração de Cristo, o seu coração manso e humilde, a sua profunda compaixão, se encaixa com os episódios de raiva que encontramos nos Evangelhos? Estamos sendo desequilibrados e parciais se focamos em sua mansidão? Ele também não é irado?

Considere o que Warfield diz quando ele começa a explorar a raiva de Jesus. Depois de observar que é uma questão de perfeição moral não apenas distinguir entre bem e mal, mas ser positivamente atraído a um e repelido pelo outro, ele diz:

> Seria impossível, portanto, para um ser moral se posicionar indiferente e imóvel na presença de um mal. O que chamamos de um ser moral é justamente um ser que percebe a diferença entre certo e errado e reage adequadamente ao certo e errado percebidos como tal. As emoções de indignação e raiva, portanto, pertencem à própria autoexpressão de um ser moral como tal e não podem deixá-lo na presença de um mal.[6]

Warfield está dizendo que um ser humano moralmente perfeito como Cristo se contradiria caso *não* se irritasse. Talvez tenhamos a impressão de que, à medida que enfatizamos a compaixão, negligenciamos a sua raiva; e, à medida que enfatizamos a sua raiva, negligenciamos a sua compaixão. Porém, o que precisamos ver é que os dois aumentam e diminuem juntos. Um Cristo sem compaixão nunca se irritaria com as injustiças a seu redor, a severidade e a barbaridade humanas, até mesmo as que vêm da elite religiosa. Não, "a compaixão e

---

6   Ibid., p. 107.

a indignação crescem juntas na sua alma"[7]. É o pai que ama mais a sua filha que mais se inflama quando ela é maltratada.

Considere a raiva de Jesus segundo o seguinte silogismo lógico:

> **Premissa n. 1:** a bondade moral se revolta com raiva indignada contra o mal.
>
> **Premissa n. 2:** Jesus foi a epítome da bondade moral; ele foi perfeito moralmente.
>
> **Conclusão:** Jesus se revoltou contra o mal com uma raiva indignada mais profunda que qualquer outra pessoa.

Sim, Jesus pronunciou denúncias duríssimas contra aqueles que levavam os pequeninos a pecar, dizendo que seria melhor que se matassem (Mt 18.6), não porque ele comemora alegremente com a tortura dos ímpios, mas porque ele ama da forma mais profunda possível os seus pequeninos. É o seu coração de amor, e não uma sede jubilosa por justiça, que cresce na sua alma a ponto de suscitar tão severa maldição.

Semelhantemente, ao pronunciar diversos juízos sobre os escribas e fariseus em Mateus 23, o que alimenta censuras tão terríveis? É a sua preocupação com aqueles que foram desviados e explorados por aqueles reverendos religiosos com PhD. Aqueles que ouviam esses mestres recebiam "fardos pesados e difíceis de carregar" (Mt 23.4). Esses coitados acabavam se tornando "duas vezes mais filhos do inferno" que os escribas e fariseus (23.15). Em resumo, os escribas e fariseus são culpados pelo sangue de toda uma série de justos profetas (23.34-35). O coração deles em relação ao povo era o oposto do coração

---

7   Ibid., p. 141.

de Jesus. Eles desejavam usar o povo para que crescessem; Jesus desejava servir o povo para que o povo crescesse. Jesus queria ajuntar o povo sob suas asas da mesma forma que uma galinha ajunta seus filhotes debaixo das asas por proteção maternal (23.37).

E a parte de expulsar os cambistas do templo? Isso não foi algo muito manso de se fazer. Como o coração dele se encaixa com isso? Lemos que o próprio Jesus fez o chicote que utilizou (Jo 2.15). Imagine ele ali, no canto dele, tecendo calmamente a arma com a qual ele ferozmente expulsaria os cambistas, virando as suas mesas. Mas por que ele fez isso? Porque eles tinham pervertido o uso do templo. O templo era a casa de Deus, o lugar onde os pecadores poderiam vir e oferecer sacrifícios para gozar de comunhão com Deus, assegurados de seu favor e graça. Era para ser um lugar de oração, de bendito intercâmbio entre Deus e o seu povo. Os cambistas já tinham virado as coisas — viraram o templo de um lugar para conhecer e ver a Deus para um lugar de ganhar dinheiro.

O que estamos dizendo é que, sim, Cristo se irritou e ainda se irrita, pois ele é o ser humano perfeito, que ama demais para continuar indiferente. E a sua raiva justa reflete o seu coração, sua terna compaixão. Porém, visto que lá no fundo do coração de Cristo está a sua terna compaixão, ele é mais rápido a se irritar e sente a raiva com maior furor — tudo isso sem o mínimo de pecado manchando a sua raiva.

O exemplo mais claro da ira justa de Cristo nos Evangelhos é a morte de Lázaro em João 11, em que o verbo é utilizado nos versículos 33 e 38 para descrever o estado interno de Jesus é de profunda fúria. "Jesus se aproximou do túmulo de Lázaro num estado, não de luto incontrolável, mas de raiva inexprimível [...] A emoção que rasgou o seu peito e clamava por expressão era uma ira justa".[8] Warfield prossegue para considerar o papel que o episódio de Lázaro desempenha no Evangelho de João como um todo. Observe a forma como ele conecta esse ponto com o coração de Cristo:

> A fúria inextinguível o arrebata. [...] É a morte o objeto de sua ira e, por trás da morte, está aquele que tem o poder da morte e a quem ele veio destruir. As lágrimas da ternura podem lhe encher os olhos, mas isso é periférico. A sua alma está carregada pela cólera [...] A ressurreição de Lázaro assim se torna não uma maravilha isolada, mas [...] uma instância decisiva e um símbolo aberto da conquista de Jesus da morte e do inferno.
>
> O que João faz por nós [...] é nos revelar como está o coração de Jesus ao conquistar-nos a salvação. Não numa fria indiferença, mas, numa fúria inflamada contra o inimigo, Jesus o arrasa em nosso favor. Ele não só nos salvou dos males que nos oprimem; ele sentiu por nós e conosco em nossa opressão e, sob o impulso desses sentimentos, ele operou a nossa redenção.[9]

Embora Cristo seja um leão para os impenitentes, ele é um cordeiro para os penitentes — o diminuto, o aberto, o faminto, o desejoso, o confessante, o modesto. Ele odeia com justo ódio tudo que contamina os seus. Lembre-se que Isaías 53 fala que Cristo tomou sobre si nossas enfermidades e levou as nossas dores (v. 4). Ele não só foi punido em nosso lugar, experimentando algo que nunca teremos de sofrer

---

8   Ibid., p. 115.
9   Ibid., p. 117. Veja também os comentários de Calvino, discordando explicitamente de Agostinho e concordando proleplicamente com Warfield quanto à humanidade das emoções de Cristo em João 11. Calvino, *Commentary on the Gospel according to John*, 1:439– 43.

(condenação); ele também sofreu conosco, experimentando o que nós mesmos passamos (sofrimento). Na sua angústia, ele se angustia. Na sua aflição, ele se aflige.

Você está irritado agora? Não vamos ser rápidos para buscar descartar sua ira como pecaminosa. Afinal, a Bíblia nos ordena exatamente a nos irritarmos em certas ocasiões (Sl 4.4; Ef 4.26). Talvez você tenha um bom motivo para se irritar. Talvez alguém tenha pecado contra você e a única resposta apropriada realmente seja a ira. Eis o seu consolo: *Jesus também está irritado*. Ele se junta a você na sua ira. De fato, ele está mais irritado do que você jamais poderia estar com o mal que lhe foi feito. A sua ira justa é uma sombra da dele. E a ira dele, diferente da sua, tem zero de pecado nela. Ao considerar aqueles que o maltrataram, deixe Jesus ficar irritado no seu lugar. Você pode confiar na raiva dele, pois a raiva dele flui da compaixão dele por você. A indignação que ele sentiu quando foi maltratado por outros nos Evangelhos é a mesma indignação que hoje ele sente no céu com os maus-tratos que você sofre.

Sabendo disso, deixe o seu devedor ir embora e volte a respirar. Deixe o coração de Cristo não apenas lavá-lo em sua compaixão, mas também assegurá-lo de sua solidariedade na raiva contra tudo que o aflige, especialmente a morte e o inferno.

12

Um terno amigo

Amigo de publicanos e pecadores.
MATEUS 11.19

UMA BOA categoria para se pensar sobre o coração de Cristo é a amizade. O seu coração assume o papel de um amigo que nunca nos deixa na mão.

Era mais comum se entender Cristo dessa forma nas gerações passadas do que na nossa. Vamos considerar o tema da amizade divina na literatura puritana neste capítulo, mas não é preciso retornar à história ou mesmo a autores cristãos para saber que hoje empobrecemos até mesmo a categoria da amizade entre humanos, especialmente entre homens. Richard Godbeer, professor de história na Virginia Commonwealth University, demonstrou por meio de uma revisão extensa de correspondências escritas durante a era colonial nos Estados Undos que a amizade masculina foi grandemente diluída hoje quando comparada à riqueza de afeições saudáveis e sem contexto erótico entre homens.[1]

---

1   GODBEER, Richard. *The Overflowing of Friendship: Love Between Men and the Creation of the American Republic.* Baltimore: John Hopkins University Press, 2009.

Todavia, se nós permitirmos que o mundo ao nosso redor em nosso presente momento cultural nos dite a importância da amizade, não só perderemos de vista uma realidade que é realmente vital para a realização humana em nível horizontal. Pior, perderemos a alegria da amizade de Cristo em nível vertical.

Uma das referências mais arrebatadoras à amizade de Cristo vem logo antes do texto chave de nosso estudo, Mateus 11.28-30. Em Mateus 11.19, Jesus cita os seus acusadores que o depreciavam como "amigo de publicanos e pecadores" (isto é, amigo dos tipos mais desprezíveis de pecadores conhecidos naquela cultura). É frequente nos Evangelhos — como quando os demônios dizem: "Sei quem tu és, o Santo de Deus" (Mc 1.24) ou quando o próprio Satanás reconhece Cristo como o "Filho de Deus" (Lc 4.9) — que não sejam os discípulos, mas sim os adversários de Cristo que percebem melhor quem ele é. Embora as multidões o chamem de amigo de pecadores como se fosse uma acusação, o rótulo é um grande conforto para aqueles que sabem ser pecadores. Que Jesus seja amigo de pecadores só é uma ofensa para aqueles que não sentem estar nessa categoria.

O que significa dizer que Cristo é amigo de pecadores? No mínimo quer dizer que ele gosta de passar tempo com eles. Também significa que eles se sentem bem-vindos e confortáveis na sua presença. Observe aquela a frase de passagem que introduz uma série de parábolas em Lucas: "Todos os publicanos e pecadores aproximavam-se dele para o ouvir" (Lc 15.1). Os dois grupos de pessoas aos quais Jesus foi acusado de se aliar em Mateus 11 são aqueles que não conseguem ficar longe dele em Lucas 15. Eles ficam tranquilos na sua presença. Eles sentem que há algo de diferente nele. Outros os deixavam à distância, mas Jesus oferece a intriga atraente de uma nova esperança. No final das contas, o que ele realmente está fazendo é atraí-los para o seu coração.

Considere o seu círculo de relacionamentos. Sem dúvida a linha de quem são seus amigos pode ser feita em vários lugares, como círculos concêntricos como num alvo. Há algumas pessoas em nossa vida cujos nomes sabemos, mas que estão na verdade na periferia de nossas afeições. Outros estão mais perto do centro, alguns foram abençoados com um ou outro amigo particularmente próximo, alguém que realmente nos conhece e nos "entende", alguém com quem temos um prazer recíproco de estar no mesmo lugar. Para muitos de nós, Deus deu um cônjuge como o amigo mais próximo nesta terra.

Mesmo esse pequeno experimento mental pode, é claro, gerar doses de sofrimento mental. Alguns são forçados a reconhecer que não têm um único amigo verdadeiro, alguém a quem se pode recorrer com qualquer problema sabendo que não há possibilidade de rejeição. Com quem nos sentimos seguros em nossa vida — realmente seguros, seguros o suficiente para nos abrirmos sobre *qualquer coisa*?

Aqui está a promessa do evangelho e a promessa da Bíblia inteira: *em Jesus Cristo, recebemos um amigo que sempre aproveita a nossa presença, em vez de recusá-la.* Esse companheiro tem um abraço cuja força não aumenta ou diminui conforme estamos limpos ou sujos, belos ou feios, fiéis ou fúteis. A amizade do seu coração para com cada um de nós é tão fixa e estável quanto a sua declaração objetiva de nossa justificação.

A maioria de nós não admitiria que, mesmo com nossos melhores amigos, não nos sentiríamos completamente à vontade para divulgar tudo sobre as nossas vidas? Nós gostamos deles, e até os amamos, saímos de férias com eles, e os elogiamos na frente de todos — mas nós não *nos confiamos* a eles, no sentido mais profundo de nossos corações. Mesmo em muitos de nossos casamentos, somos de certo modo amigos, mas não nos despimos na alma como nos despimos no corpo.

E se você tivesse um amigo no centro dos seus círculos concêntricos de relacionamento, que você soubesse que nunca arregalaria os olhos com o que você lhe contasse, mesmo que fosse o pior que há em você? Todas as nossas amizades humanas têm um limite até onde elas podem ir. Mas e se houvesse um amigo sem limites? Sem um teto para o que você pode descarregar nele sem que ele o abandone? "Todos os graus e espécies de amizade se encontram em Cristo", escreveu Sibbes.[2]

Considere a descrição do Cristo ressurreto em Apocalipse 3. Ali ele diz (para um grupo de cristãos que é "infeliz, miserável, pobre, cego e nu", v. 17): "Estou à porta e bato; se alguém ouvir a minha voz e abrir a porta, entrarei em sua casa e cearei com ele e ele comigo" (v. 20). Jesus quer vir a você — infeliz, miserável, pobre, cego e nu — e comer uma boa refeição ao seu lado. Gastar tempo com você. Aprofundar o relacionamento de vocês. Com um bom amigo, você não precisa constantemente quebrar os momentos estranhos de silêncio. Vocês podem simplesmente ficar quietos calorosamente juntos, tranquilamente aproveitando a companhia um do outro. Segundo Goodwin, "a comunhão mútua é a alma de toda verdadeira amizade, e uma conversa habitual com um amigo contém a maior doçura".[3]

---

2 SIBBES, Richard. *Bowels Opened, Or, A Discovery of the Near and Dear Love, Union, and Communion Between Christ and the Church*, in: GROSART, A.B. (ed.) *The Works of Richard Sibbes*. 7 vols. Edinburgh: Banner of Truth, 1983, .

3 GOODWIN, Thomas. *Of Gospel Holiness in the Heart and Life*, in: *The Works of Thomas Goodwin*. 12 vols. Grand Rapids, MI: Reformation Heritage, 2006, 7:197.

Não devemos domesticar exageradamente Jesus aqui. Ele não é um simples amigo. Alguns capítulos antes em Apocalipse nós vemos uma descrição de Cristo tão impressionante que João cai no chão, paralisado (1.12-16). Contudo, também não podemos diluir a humanidade, o puro desejo relacional, claramente presente nessas palavras que vêm da boca do próprio Cristo ressurreto. Ele não espera que você anime o coração dele; ele já está na porta, batendo, querendo vir a você. Qual é a sua parte? Segundo Sibbes, "o nosso dever é aceitar o convite de Cristo para nós. O que faremos por ele, senão festejarmos com ele?"[4]

Porém, um amigo de verdade não só o busca; ele também permite que você o busque e ele se abre a você sem nada reter. Você já notou o ponto específico que Jesus faz quando chama seus discípulos de "amigos" em João 15? Prestes a ir para a cruz, Jesus lhes diz: "Já não vos chamo servos, pois o servo não sabe o que o seu senhor faz; mas eu vos chamo amigos, pois vos revelei tudo quanto ouvi de meu Pai" (João 15.15).

Os amigos de Jesus são aqueles a quem ele abriu seus propósitos mais profundos. Jesus diz que ele não filtra para os seus discípulos o que o Pai lhe contou; ele conta tudo para eles. Não guarda segredinhos. Ele os traz completamente para dentro. Os amigos de Jesus são bem-vindos para vir até ele. Como pregou Jonathan Edwards:

> Deus em Cristo permite que tais criaturas pequenas e pobres como vocês venham a ele, amem a comunhão com ele e mantenham uma comunicação de amor com ele. Você pode ir até Deus e contar-lhe como você o ama e

---

4   SIBBES. *Bowels Opened*, 2:34.

abrir o seu coração e ele o aceitará [...] Ele veio dos céus e assumiu a natureza humana de propósito, para que possa estar perto de você e para que seja seu companheiro, por assim dizer.[5]

Companheiro é outra palavra para amigo, mas conota especificamente a ideia de alguém com quem você vai em uma jornada. Ao peregrinarmos pelo deserto deste mundo, temos um amigo firme e constante.

O que estou tentando dizer neste capítulo é que o coração de Cristo não somente cura nossos sentimentos de rejeição com o seu abraço e não só corrige o nosso senso de sua dureza com uma visão de sua mansidão e não só muda a nossa impressão de sua distância com sua ternura por nós, mas também cura a nossa solidão com seu puro companheirismo.

No volume 2 da obra citada de Richard Sibbes, ele reflete sobre o que significa dizer que Jesus é nosso amigo. É particularmente impressionante o tema comum à medida que ele traça diversas facetas da amizade de Cristo com seu povo. Esse tema comum é a reciprocidade. Em outras palavras, a amizade é um relacionamento bilateral de alegria, conforto e abertura entre pares, e não um relacionamento unilateral, como o de um rei com um súdito ou de um pai com um filho. É claro,

---

5   EDWARDS, Jonathan. "The Spirit of the True Saints Is a Spirit of Divine Love," in MCMULLEN, Michael. *The Glory and Honor of God*: Volume 2. Sermões inéditos de Jonathan Edwards. Nashville, TN: Broadman, 2004, p. 339. Edwards: "não há pessoa no mundo que tenha uma relação tão íntima com os cristãos quanto Cristo; ele é o nosso amigo e o nosso amigo mais próximo". KIMNACH, Wilson H. (ed.) *The Works of Jonathan Edwards*. Vol. 10. *Sermões e discursos 1720–1723*. New Haven, CT: Yale University Press, 1992, p. 158. Em um de seus sermões mais conhecidos, "A excelência de Cristo", Edwards menciona Cristo como nosso amigo mais que trinta vezes. LESSER, M.X. (ed.) *The Works of Jonathan Edwards*.Vol. 19. *Sermões e discursos 1734–1738*. New Haven: Yale University Press, 2001, p. 21.

Cristo realmente é o nosso governante, nossa autoridade, a quem toda lealdade e obediência são devidos reverentemente. Sibbes nos lembra disso explicitamente ao refletir sobre a amizade de Cristo ("assim como ele é nosso amigo, também é o nosso rei").[6] Contudo, de igual forma, e talvez de forma menos óbvia ou intuitiva para nós, a condescendência de Deus na pessoa do seu Filho significa que ele se aproxima de nós em nossos termos e faz amizade conosco para sua alegria e para a nossa, reciprocamente.

Considere como Sibbes fala sobre a amizade de Cristo conosco:

> Na amizade há um consentimento mútuo, uma união de juízo e afeições. Há uma simpatia mútua no bem e no mal um do outro. [...] Há liberdade que é a vida da amizade. Há uma troca livre entre amigos, uma livre abertura de segredos. Do mesmo modo, Cristo aqui abre seus segredos a nós e nós a ele. [...] Na amizade, há um consolo e conforto mútuos um no outro. Cristo se agrada em seu amor pela igreja e a igreja se agrada em seu amor por Cristo [...] Na amizade, há uma honra e respeito mútuos um pelo outro.[7]

Você vê uma tendência comum? Observe a palavra "mútua" ou a expressão um "pelo outro" se repetindo por essas várias facetas da amizade de Cristo. O ponto é que ele é conosco, como um de nós, compartilhando de nossa vida e experiência, e o amor e conforto que se goza mutuamente entre amigos também se goza entre Cristo e nós. Em resumo, ele se relaciona conosco como pessoa. Jesus não é a ideia abstrata de amizade. Ele é um amigo de verdade.

---

6   SIBBES, *Bowels Opened*, 2:37.
7   Ibid., 2:37.

Seria cruel sugerir que a amizade humana é irrelevante para quem tem Cristo por amigo. Deus nos fez para a comunhão, para a união de coração com outras pessoas. Todo mundo se sente só — até introvertidos.

Mas o coração de Cristo em nosso favor significa que ele será o nosso amigo infalivelmente presente, não importa quantos bons amigos façamos ou não nesta terra. Ele nos oferece uma amizade que vai mais fundo que a dor de nossa solidão. Embora essa dor não vá embora, a sua pontada se torna completamente suportável pela amizade bem mais profunda de Jesus. Ele anda conosco a cada momento. Ele conhece a dor de ser traído por um amigo, mas ele nunca nos trairá. Ele nunca nos receberá *com frieza*. Ele não é assim. O coração dele não é assim.

> Assim como a sua amizade é doce, ela é constante em todas as condições [...] Se outros amigos falham, como amigos podem falhar, este amigo nunca falhará conosco. Se não nos envergonharmos dele, ele nunca se envergonhará de nós. Como a vida seria confortável se soubéssemos desfrutar de todo o conforto que esse título de *amigo* fornece! É uma amizade consoladora, frutífera e eterna.[8]

---

8   Ibid., 2:37. Goodwin possui ótimas reflexões sobre a amizade divina, mas as concentra na amizade com Deus, e não com Cristo especificamente, de modo que eu não o usei muito neste capítulo. *Gospel Holiness*, in *Works*, 7:186–213, especialmente 7:190–97; cf. 7:240.

13

Para que serve o Espírito?

E eu rogarei ao Pai, e ele vos dará outro Consolador.

João 14.16

Este livro trata sobre Cristo, o Filho, a segunda pessoa da Trindade. Mas precisamos ter cuidado para não dar a impressão de que o que vemos em Cristo está de alguma forma na contramão do Espírito e do Pai. Pelo contrário, o Filho, "manifestando-se na carne, expressa e revela nada mais que o que estava no coração de todos os três".[1]

Então, vamos dedicar um capítulo a cada, perguntando o que a Bíblia ensina sobre como o coração de Cristo se relaciona com o Espírito e então com o Pai. Falaremos do Espírito neste capítulo e sobre o Pai no próximo.

Qual é o papel do Espírito Santo? O que ele realmente faz? Há muitas respostas bíblicas válidas a essa questão. O Espírito:

- Regenera-nos (Jo 3.6-7);

---

1   GOODWIN, Thomas. *A Discourse of Election*, in *The Works of Thomas Goodwin*. 12 vols. Grand Rapids, MI: Reformation Heritage, 2006, 9:148.

- Convence-nos (Jo 16.8);

- Concede-nos dons (1Co 12.4-7);

- Testifica em nossos corações que somos filhos de Deus (Gl 4.6);

- Conduz-nos (Gl 5.18, 25);

- Torna-nos frutíferos (Gl 5.22-23);

- Concede e faz crescer em nós a vida da ressurreição (Rm 8.11);

- Capacita-nos a matar o pecado (Rm 8.13);

- Intercede por nós quando não sabemos pelo que orar (Rm 8.26-27);

- Guia-nos à verdade (Jo 16.13); e

- Transforma-nos à imagem de Cristo (2 Co 3.18)

Todas essa gloriosas verdades. Neste capítulo gostaria de adicionar mais uma a esta lista: *o Espírito nos faz realmente sentir o coração de Cristo em nosso favor.*

Isso se sobrepõe um pouco a algumas das operações do Espírito listadas acima. Mas seria útil deixar claro exatamente como o Espírito Santo conecta este estudo ao coração de Jesus. E o que eu proponho neste capítulo, novamente com a ajuda de Thomas Goodwin, é que o Espírito torna o coração de Cristo real para nós: não só ouvimos sobre, mas o vimos; não só o vimos, mas o sentimos; não só o sentimos, mas o desfrutamos. O Espírito pega o que lemos na Bíblia e acreditamos no papel sobre o coração de Jesus e o move da teoria para a realidade, da doutrina para a experiência.

Uma coisa é saber, quando criança, que o seu pai te ama. Você acredita nele. Você leva a sério as palavras deles. Mas outra coisa, inexprimivelmente mais real, é cair no seu abraço, sentir o calor, ouvir o coração dele batendo no peito, de modo a conhecer instantaneamente a força protetora de seus braços. Uma coisa é ouvir que ele te ama; outra coisa é sentir o seu amor. Essa é a gloriosa obra do Espírito.

Em João 14—16 Jesus explica a obra do Espírito como uma extensão da sua. E ele diz que o tempo em que estiver ausente, mas o Espírito, presente será uma bênção superior para o seu povo. Observe cuidadosamente a linha de raciocínio de João 16 em como Jesus faz este ponto:

> Agora, porém, vou para aquele que me enviou; e nenhum de vós me pergunta: Para onde vais? O vosso coração encheu-se de tristeza, porque eu vos disse essas coisas. Todavia, digo-vos a verdade; é para o vosso benefício que eu vou. Se eu não for, o Consolador não virá a vós; mas, se eu for, eu o enviarei (16.5-7).

Qual é a vantagem da vinda do Espírito? A leitura natural é que ele consertará o que está errado. E o que está errado? "O vosso coração encheu-se de tristeza" (Jo 16.6). Aparentemente a vinda do Espírito fará o contrário: encherá os seus corações de alegria. O Espírito substitui a tristeza por alegria.

Os discípulos se angustiaram porque Jesus estava indo embora. Ele era amigo deles e os abraçara com seu coração, então eles pensavam que Jesus ir embora significava que o coração dele ia embora — contudo, o Espírito é a resposta de como Jesus pode deixá-los fisicamente ao mesmo tempo que deixa o seu coração para trás. O Espírito é a continuação do coração de Cristo para o seu povo depois da partida de Jesus para os céus.

Refletindo sobre essa passagem de João 16, Goodwin chega ao cerne do que Jesus está dizendo aos seus discípulos: "Meu pai e eu temos apenas um amigo, que está no seio de nós dois e procede de nós dois, o Espírito Santo, e, enquanto isso, eu o enviarei a vocês. [...] Ele será um melhor Consolador do que eu. [...] Ele os consolará melhor do que eu faria com minha presença física". De que modo o Espírito é um consolador superior para o povo de Deus? "Ele lhes contará, se vocês derem ouvido a ele, e não o entristecerem, apenas histórias de meu amor. [...] Tudo o que ele falar em seus corações será para me promover e engrandecer meu valor e amor para vocês, e o prazer dele será fazer isso".[2] Goodwin então deixa explícita a conexão com o coração de Cristo:

> Então, vocês terão o meu coração tão certamente e tão rapidamente quanto se eu estivesse ali com vocês; e eu estarei continuamente descansando os seus corações, quer com meu amor por vocês, ou o de vocês por mim, ou ambos [...] Ele lhes contará, quando eu estiver no céu, que há uma verdadeira conjunção entre eu e vocês e uma sinceridade de afeição tão verdadeira em mim por vocês quanto há entre o meu Pai e eu, e que é impossível romper esse nó, e tirar o meu coração de vocês, assim como tirar o coração do Pai de mim.[3]

Você já considerou essa operação do Espírito Santo em particular?

Lembre-se de que o Espírito é uma pessoa. Ele pode se entristecer, por exemplo (Is 63.10; Ef 4.30). Como seria tratá-lo assim em nossa vida diária? Como seria abrir as frestas

---

2 GOODWIN, Thomas. *The Heart of Christ*. Edinburgh: Banner of Truth, 2011, p. 18-19.
3 Ibid., p. 19-20.

de nosso coração para receber o amor real de Cristo aceso pela calorosa chama do Espírito Santo? Precisamos manter em mente aqui que o Espírito nunca acenderá as chamas do amor real de Cristo para além do que Cristo realmente nos ama — isso é impossível. O Espírito simplesmente faz com que nossa percepção do amor sincero de Cristo paire mais perto do que ele realmente é. Ninguém se preocupa que os binóculos tornem o jogo maior do que é na vida real para quem está na arquibancada superior; os binóculos simplesmente fazem os jogadores parecerem mais próximos de seu tamanho real.

Jesus disse que ele é "manso e humilde de coração" (Mt 11.29). Essa é uma bela declaração e, mesmo sem o Espírito, já se pode respeitá-la e se maravilhar com ela. Mas o Espírito pega as palavras de Cristo e as interioriza até estarem no nível de individualidade pessoal. O Espírito transforma receita em sabor. Isso é o que Goodwin está dizendo. Tudo o que vimos e ouvimos sobre o coração gracioso de Jesus em sua vida na terra entrará, durante seu estado de exaltação, nas consciências de seu povo como uma realidade experiencial. Quando Paulo vai para o lado pessoal em Gálatas e fala do "Filho de Deus, que *me* amou e se entregou *por mim*" (Gl 2.20), ele está dizendo algo que ninguém poderia dizer sem o Espírito.

É por isso que, em outro lugar, Paulo diz que "não temos recebido o espírito do mundo, mas, sim, o Espírito que vem de Deus, a fim de compreendermos as coisas que nos foram dadas gratuitamente por Deus" (1Co 2.12). Para entender o papel do Espírito Santo, segundo este texto, precisamos ter em mente que a palavra grega por trás de *compreendermos* (*oida*) não deve ser restrita à mera apreensão intelectual. O verbo simplesmente significa conhecer e, como é comum geralmente na linguagem epistemológica da Bíblia, *conhecer* aqui significa algo mais holístico — não é mera apreensão intelectual, é mais.

É um conhecimento experiencial, assim como você sabe que o sol está quente quando levanta o rosto para o céu num dia sem nuvens do verão. Paulo está dizendo que o Espírito nos foi entregue para que pudéssemos conhecer, lá no fundo, a graça sem fim do coração de Deus. "Dadas gratuitamente" neste texto simplesmente é a forma verbal (*charizomai*) da palavra grega comum para "graça" (*charis*). Não há algo que o Espírito ame mais que nos despertar, acalmar e consolar com o conhecimento de coração com que fomos agraciados.

Em resumo, o papel do Espírito é pegar a ideia do panfleto de viagem que temos do grande coração de Cristo e transformar na experiência de se sentar na praia, numa espreguiçadeira, com a bebida na mão, usufruindo na prática daquilo. O Espírito faz isso de forma decisiva, de uma vez por todas na regeneração. Mas ele o faz mais mil vezes depois, à medida que continuamos em nosso pecado, tolice e tédio a tirar os olhos da experiência genuína de seu coração.

14

Pai das misericórdias

Pai das misericórdias e Deus de toda a consolação.

2 Coríntios 1.3

"Aquilo que nos vem à mente quando pensamos em Deus é a coisa mais importante a respeito de nós mesmos." Assim começa o livro de A.W. Tozer *O conhecimento do Santo*.[1] Uma forma de entender o propósito deste estudo sobre o coração de Cristo é como uma tentativa de tornar a nossa imagem mental de Deus mais precisa. Eu estou procurando nos ajudar a deixarmos para trás as nossas intuições naturais e caídas de de que Deus é distante e parcimonioso para entrarmos na percepção libertadora de que ele é manso e humilde de coração.

Entretanto, o nosso estudo se concentra no Filho de Deus. E o Pai? Parafraseando Tozer, deveríamos pensar sobre o Filho como manso e humilde, mas sobre o Pai como algo diferente? Esse capítulo responde a essa pergunta.

---

1   TOZER, A.W. *O conhecimento do Santo*. Americana: Impacto Publicações, 2018, p. 1.

A teologia protestante clássica e majoritária sobre a cruz sempre entendeu que a justiça de Deus foi vindicada e a ira de Deus foi satisfeita na obra do Filho. Cristo não viveu, morreu e ressuscitou principalmente para ser um exemplo moral, ou para triunfar sobre Satanás, ou para demonstrar o seu amor. Em última instância, a obra do Filho, especialmente sua morte e ressurreição, satisfez a ira justa do Pai contra o horror da rebelião humana contra ele. A sua ira foi propiciada — desviada, aplacada.

Isso não equivale a sugerir que a disposição do Pai para com o seu povo seja diferente da do Filho. Uma impressão comum entre cristãos é que, sim, em certo grau, parece que o Pai é menos disposto a amar e a perdoar que o Filho.

Isso não é o que a Bíblia ensina.

Como entenderíamos, então, o fato de que a ira do Pai precisava ser satisfeita, e era o Filho quem precisava fazer o trabalho necessário para fornecer a satisfação? Certamente isso sugere uma postura diferente para conosco do Pai em comparação ao Filho?

Para entender isso, é crucial saber que, no nível de resolução jurídica, a ira do Pai precisava ser aplacada para que os pecadores retornassem ao seu favor, mas, no nível de seu desejo e afeição internos, ele estava tão disposto quanto o Filho para que a expiação acontecesse. Objetivamente, o Pai era quem precisava ser aplacado; subjetivamente, o seu coração era um só com o Filho. Erramos quando traçamos conclusões sobre quem ele é *subjetivamente* com base no que precisava acontecer *objetivamente*. Os puritanos frequentemente falavam sobre o Pai e o Filho concordando na eternidade passada, juntos, em salvar um povo pecador. Os teólogos chamam isso de *pactum salutis*, o "pacto da redenção", referindo-se ao que o Deus trino decidiu fazer antes da criação do mundo. O Pai não precisa de mais convencimento do que o Filho. Pelo contrário, a sua ordenação do modo de redenção reflete o mesmo coração de amor que a execução da redenção pelo Filho refletiu.[2]

Em outros capítulos veremos que o Antigo Testamento fala de Deus de formas coerentes com a afirmação de Jesus no Novo Testamento de que ele é "manso e humilde de coração". Por ora, consideremos o que o Novo Testamento diz sobre o Pai. Tomaremos como texto focal 2Coríntios 1.3, em que o apóstolo Paulo começa o corpo da carta com a seguinte doxologia:

> Bendito seja o Deus e Pai de nosso Senhor Jesus Cristo, Pai das misericórdias e Deus de toda a consolação.

"Pai das misericórdias." Na introdução de 2Coríntios, Paulo descortina uma janela para o que *ele* pensava quando pensava sobre Deus.

Sim, o Pai é justo e reto. Inabalavelmente e infinitamente. Sem tal doutrina, sem tal firmeza, não teríamos esperança de que todos nossos males um dia seriam corrigidos. Mas o que é o seu coração? O que flui de seu ser mais profundo? O que sai dele? Misericórdias.

Ele é o Pai das misericórdias. Assim como um pai gera filhos que o refletem, o Pai divino gera misericórdias que o

---

2   Veja, por exemplo, a especulação comovente de Flavel sobre uma "conversa" entre o Pai e o Filho para salvar pecadores em *The Works of John Flavel*. 6 vols. Edinburgh: Banner of Truth, 1968, 1:61. Agradeço ao meu pai, Ray Ortlund, por chamar a minha atenção para esta passagem em Flavel. Veja também a obra de Goodwin *Man's Restoration by Grace*, um pequeno livro que trata dos papéis diferentes da Trindade, bem como sua concordância mútua, na obra da redenção. GOODWIN, Thomas. *The Works of Thomas Goodwin*. 12 vols. Grand Rapids, MI: Reformation Heritage, 2006, 7:519–41.

refletem. Há uma semelhança familiar entre o Pai e a misericórdia. Ele é "mais Pai das misericórdias que Satanás é considerado pai do pecado".[3]

A palavra "misericórdias" (*oikteirmon*) ocorre somente cinco vezes no Novo Testamento. Uma delas é Tiago 5.11, em que se dá um paralelismo sinonímico com a compaixão divina: "Ouvistes sobre a paciência de Jó e vistes o fim que o Senhor lhe deu. Porque o Senhor é cheio de compaixão (*polusplanchnos*) e misericórdia (*oikteirmon*)". Observamos no capítulo 11 que a palavra para a compaixão mais profunda de Jesus é *splanchizo*, e você pode ver o mesmo radical no que foi traduzido justamente como "compaixão" em Tiago 5.11. Todavia, aqui a palavra é ainda mais rica de significado. Ela tem um prefixo (*polu-*) que significa "muito" ou "cheio". O Senhor, segundo Tiago 5.11, é "cheio de compaixão". E dizer que o Senhor é cheio de compaixão ou muito compassivo é o mesmo que dizer que ele é misericordioso.

Falar de Deus o Pai como "Pai das misericórdias" é dizer que ele é quem multiplica misericórdias compassivas para o seu povo necessitado, desviado, encrencado, caído e vacilante. Ao falar do amor de Cristo pelo seu povo, Goodwin se move espontaneamente de falar sobre o coração do Filho para falar sobre o coração do Pai.

> O seu amor não é forçado, como se fosse uma lida para mantê-lo, só porque o seu Pai lhe ordenou a se casar conosco; mas essa é a sua natureza, a sua disposição. [...] Essa disposição é livre e natural para ele; não seria o Filho Deus caso não seguisse os passos de seu Pai celestial, para quem é natural demonstrar misericórdia, mas não punir,

---

3   GOODWIN, *Works*, 2:179.

que é a sua obra estranha, mas a misericórdia o agrada; ele é o "Pai das misericórdias", ele as gera naturalmente.[4]

Vamos retornar a esse ponto no próximo capítulo sobre o que significa dizer que a misericórdia é a obra "natural" de Deus e a punição, a sua obra "estranha". Por ora, simplesmente observe a forma como Goodwin nos ajuda a enxergar que o rótulo "Pai das misericórdias" é a maneira de a Bíblia nos levar aos recessos mais profundos de quem Deus o Pai é. Um entendimento correto do Deus trino não é de um Pai cuja disposição central seja o juízo e um Filho cuja disposição central seja o amor. O coração de ambos é um só, afinal, há um só Deus, e não dois. O seu coração é redentor, sem abrir mão da justiça e da ira, mas harmonicamente satisfazendo a ambas.

Em outro lugar, Goodwin reflete sobre a misericórdia de Deus o Pai. É uma meditação adequada para 2Coríntios 1.3

> Deus tem uma multidão de toda espécie de misericórdias. Assim como os nossos corações e o diabo são pais de uma variedade de pecados, Deus é o pai de uma multidão de misericórdias. Não há pecado ou miséria sem uma misericórdia correspondente da parte de Deus. Ele tem uma multidão de misericórdias de toda espécie.
>
> Assim como há uma variedade de misérias a que uma criatura está sujeita, ele possui em si um depósito, um tesouro de toda espécie de misericórdias, divididas em várias promessas nas Escrituras, que são como as caixas desses tesouros, os baús de uma variedade de misericórdias.

---

4 GOODWIN, Thomas. *The Heart of Christ*. Edinburgh: Banner of Truth, 2011, p. 60.

Se o seu coração é duro, as misericórdias dele são suaves.

Se o seu coração está morto, ele tem misericórdia para revivê-lo.

Se você está doente, ele tem misericórdia para o curar.

Se você está cheio de pecados, ele tem misericórdias para o santificar e limpar.

Variadas e amplas como são nossas necessidades, variadas e amplas também são as suas misericórdias. Então, podemos vir corajosamente e encontrar graça e misericórdia para nos ajudar no tempo de necessidade, uma misericórdia para cada necessidade. Todas as misericórdias que estão no coração dele foram transplantadas em diversos solos no jardim das promessas, onde crescem, e ele tem uma abundante variedade deles, cada uma adequada para toda a variedade de doenças da alma.[5]

O que deveria vir à nossa mente quando pensamos sobre Deus? O Deus trino é três em um, uma fonte de misericórdias sem fim estendendo-se, encontrando e provendo abundantemente para nós em todas as diversas necessidades, fracassos e desvios. Ele é assim, o Pai tanto quanto o Filho, o Filho tanto quanto o Pai.

Além do que podemos saber em dado momento, o terno cuidado do Pai nos envolve com sua gentileza insistente, governando docemente os mínimos detalhes de nossa vida. Ele soberanamente ordena o ângulo peculiar em que a folha cai flutuando da árvore e a brisa que a soltou (Mt 10.29-31), e ele soberanamente ordena a bomba que mentes malignas

---

5 GOODWIN, *Works*, 2:187-88. Cf. GOODWIN, *Works*, 2:180, também citando 2Coríntios 1.3: "Ele é a fonte de toda misericórdia sendo tão natural para ele quanto é para um pai gerar filhos."

detonam (Am 3.6; Lc 13.1-5). Porém, o que permeia, subjaz e abastece tudo isso que inunda nossas vidas, do menor ao maior, é o coração do Pai.

Quem é Deus o Pai? Só isto: o nosso Pai. Talvez alguns de nós tivemos ótimos pais na vida. Outros fomos terrivelmente maltratados ou até abandonados. De todo modo, o bem de nossos pais terrenos é um sinal tremulante da verdadeira bondade de nosso Pai celestial e o mal em nossos pais terrenos é um negativo de foto de quem nosso Pai celestial realmente é. Ele é o Pai de quem todo pai humano é a sombra (Ef 3.15).

Em João 14, Filipe pede para que Jesus mostre o Pai aos discípulos (Jo 14.8). Jesus responde: "Filipe, há tanto tempo estou convosco e ainda não me conheces? Quem vê a mim, vê o Pai. Como podes dizer: Mostra-nos o Pai? Tu não crês que estou no Pai e que ele está em mim?" (Jo 14.9-10).

"Quem vê a mim, vê o Pai."

Em outro lugar, o Novo Testamento chama Cristo de "o resplendor da sua glória e a representação exata do seu Ser" (Hb 1.3). Jesus é a incorporação de quem Deus é. Ele é a epítome tangível de Deus. Jesus Cristo é a manifestação visível do Deus invisível (2Co 4.4, 6). Nele, vemos o coração eterno dos céus andando com duas pernas no tempo e no espaço. Quando vemos o coração de Cristo, então, pelos quatro Evangelhos, estamos vendo a compaixão e ternura de quem o próprio Deus mais profundamente é.

À medida que você considera o coração do Pai em seu favor, lembre que ele é o Pai das misericórdias. Ele não é cauteloso em sua ternura para com você. Ele multiplica as misericórdias correspondentes a cada uma de suas necessidades, e não há nada que ele preferisse fazer. Segundo o puritano John Flavel, "lembre que este Deus, em cuja mão estão todas as criaturas, é o seu Pai e ele te quer muito mais do que você quer a si mesmo."[6] A maneira mais gentil como você se trata é menos gentil que a maneira como seu Pai celestial lhe trata. A ternura dele para com você supera em muito qualquer ternura que você seja capaz de ter para consigo mesmo.

O coração de Cristo é manso e humilde. E essa é a descrição perfeita de quem é o Pai. "Pois o próprio Pai vos ama" (Jo 16.27).

---

6   FLAVEL, John. *Keeping the Heart: How to Maintain Your Love for God.* Fearn, Scotland: Christian Heritage, 2012, p. 57.

15

A sua obra "natural"
e a sua obra "estranha"

Não lhe alegra o coração [...] afligir os homens
<small>LAMENTAÇÕES</small> 3.33 (BAVM)

<small>AGORA, RETORNAMOS</small> ao Antigo Testamento. Temos considerado o coração de Cristo, e até o do Pai, com base no Novo Testamento. Como isso se encaixa com o Antigo Testamento?

Depois de passar alguns capítulos no Antigo Testamento, concluiremos o nosso estudo ao retornar ao Novo Testamento para os últimos capítulos.

O que eu quero demonstrar neste capítulo e nos próximos três é que, quando vemos Cristo revelar o fundo do seu coração como manso e humilde, ele está continuando a trajetória natural do que Deus já vinha revelando sobre si ao longo do Antigo Testamento. Jesus dá uma maior precisão a quem Deus é, mas não se trata de um conteúdo fundamentalmente novo. Os próprios Evangelhos mostram que eles esperavam que o Antigo Testamento estaria preparando para nós um Salvador "humilde" (Mt 21.5).[1] O Filho encarnado não joga fora o nosso entendimento de quem Deus é indo numa direção completamente nova. Ele simplesmente fornece uma realidade em carne e osso sem precedentes do que Deus já estava tentando convencer o seu povo ao longo dos séculos. Como Calvino colocou, o Antigo Testamento é uma revelação obscura de Deus — verdadeira, mas opaca. O Novo Testamento é a substância.[2]

Um bom ponto de partida para considerarmos o coração de Deus no Antigo Testamento é Lamentações 3.

Nenhum livro da Bíblia é tão chocante ao juntar profunda emoção com elaboração literária como Lamentações. O autor (talvez Jeremias), ao derramar o seu coração, lamenta a destruição de Jerusalém em 587 a. C. pelos babilônios e os horrores da fome, morte e desespero que vieram depois. Contudo, ele derrama o seu coração por meio de uma série de cinco poemas bem estruturados, refletindo um extremo cuidado literário. Você pode observar isso ao simplesmente reparar na versificação na sua Bíblia. Embora os números dos capítulos e dos versículos não tenham sido adicionados senão muitos séculos depois de Lamentações ser escrito, essas divisões da Bíblia refletem as claras divisões do próprio livro. Você observará que há cinco capítulos, os primeiros dois e os últimos dois possuem vinte e

---

1   A palavra em grego para "humilde" em Mateus 21.5, citando a profecia de Zacarias 9.9 de que "o teu rei vem a ti [...] é humilde e vem montado num jumento", é a mesma (*praus*) usada em Mateus 11.29 quando Jesus se diz "manso".

2   CALVINO, João. *Instituições da religião cristã*. Tomo I, Livros I e II. Trad. Carlos Eduardo de Oliveira et al. São Paulo: UNESP, 2008, 2.11.1-12.

dois versículos. O capítulo do meio, o capítulo 3, tem o triplo de versículos — sessenta e seis. Cada capítulo é por si só um lamento cuidadosamente construído.

Tendo essa estrutura panorâmica do livro em vista, nós entendemos que o ponto alto literário da carta é o versículo 33 do capítulo 3. É exatamente o meio do livro e captura o coração do livro. Lamentações 3.33 é o livro de Lamentações em poucas palavras.

O que ele diz? Ele fundamenta as garantias circundantes sobre a eventual misericórdia e a restauração da parte de Deus com a seguinte teologia:

Não lhe alegra o coração humilhar e afligir os homens

Há uma premissa implícita neste versículo e uma afirmação explícita. A premissa implícita é que Deus de fato os está afligindo. A afirmação explícita é que ele não faz isso com alegria no coração.

A premissa implícita precisa ser plenamente aceita antes de passarmos à afirmação explícita. Quando falamos do que Deus faz ou não com alegria no coração, não estamos limitando o seu governo soberano em geral. Na verdade, na medida em que acreditamos que Deus é soberano sobre toda nossa aflição, podemos nos confortar com o fato de que não lhe alegra o coração nos afligir.

Em primeiro lugar, portanto, lembramos a beleza da plena soberania divina sobre todas as coisas, boas *e ruins*. A unha encravada, o formigamento, o amigo que trai, a dor crônica, o chefe que só quer agradar aos superiores e que não nos defende, o filho desviado, aquele vômito de madrugada, as trevas incansáveis da depressão. A Confissão Belga articula de forma muito bela o governo de Deus sobre todas as coisas no seu ensino sobre a providência divina, dizendo, em parte, o seguinte:

> Esta doutrina nos traz um inexprimível consolo, quando aprendemos dela que nada nos acontece por acaso, mas pela determinação de nosso bondoso Pai celestial. Ele nos protege com um cuidado paternal, sustentando todas as criaturas, de tal modo que nenhum cabelo de nossa cabeça — pois estes estão todos contados — e nenhum pardal cairão em terra sem o consentimento de nosso Pai (Mt 10:29,30). (Art. 13)

Ao longo de Lamentações, essa visão sem filtros da soberania divina está em jogo em toda parte. Olhando para o capítulo 3, por exemplo, vemos versículo após versículo começando com "ele", à medida que o autor conta repetidamente todas as calamidades que o próprio Deus causara a Israel (3.2-16).

Porém, no centro teológico do livro inteiro, descobrimos que Deus não trouxe toda essa dor com alegria no coração.

Aqui em Lamentações, a Bíblia está nos levando bem fundo no próprio Deus. Aquele que governa e ordena todas as coisas traz a aflição às nossas vidas com certa relutância divina. Ele não é relutante com o bem supremo que virá por conta dessa dor — esse é o exato motivo de ele fazer isso tudo. A dor em si não reflete o seu coração. Ele não é uma força platônica puxando as alavancas celestiais, desinteressado na dor e angústia reais que sentimos debaixo de sua mão. Colocando de uma forma que não pretende questionar as perfeições divinas, é como se ele estivesse em conflito consigo mesmo quando envia aflições à nossa vida. De fato, Deus está punindo Israel por sua apostasia, à medida que os babilônios invadem a cidade. Ele lhes dá o que eles merecem. Mas o que tem no fundo de seu coração é uma misericordiosa restauração.

Goodwin explica:

Meus irmãos, embora Deus seja justo, a sua misericórdia pode ser considerada, de certo modo, mais natural para ele que todos os atos de justiça que Deus mostra, isto é, de justiça retributiva. Nesses atos de justiça há uma satisfação para um atributo, à medida que ele encontra e até está com pecadores. Contudo, há uma certa violência feita a ele mesmo no processo, no linguajar das Escrituras; tem algo nisso que é contrário a ele. "Não tenho prazer na morte do ímpio", isto é, não faço porque me agrada, porque me dá prazer. [...] Quando ele exerce atos de justiça, é para um fim superior, não simplesmente pela coisa em si. Sempre tem algo no seu coração contra isso.

Entretanto, quando ele vem demonstrar a misericórdia, manifestar que isso é sua natureza e disposição, lemos que ele faz isso de todo o coração. Não tem nada nele contra isso. O próprio ato o agrada por si só. Não há relutância nele.

Portanto, em Lamentações 3.33, quando fala sobre punir, ele diz: "não lhe alegra o coração humilhar e afligir os homens". Mas quando ele vem falar da misericórdia, ele diz que o faz "de todo o [seu] coração e de toda a [sua] alma" (ARA), como está expresso em Jeremias 32.41. Portanto, seus atos de justiça são chamados de sua "estranha obra" e seu "estranho feito" em Isaías 28.21. Porém, quando ele vem com misericórdia, ele se regozija com eles, ao lhes fazer o bem, de todo o seu coração e de toda a sua alma.[3]

Goodwin cita alguns outros textos aqui: Jeremias 32.41, em que Deus diz que, na sua obra de restauração, "alegrar-me-ei por causa deles e lhes farei bem; plantá-los-ei firmemente nesta terra, de todo o meu coração e de toda a minha alma"

---

3   GOODWIN, Thomas. *The Works of Thomas Goodwin*. 12 vols. Grand Rapids, MI: Reformation Heritage, 2006, 2:179–80.

(ARA); e Isaías 28.21, em que o seu juízo é chamado de sua "estranha obra" e "estranho feito". Conectando esses textos com Lamentações 3.33, Goodwin extrai da revelação bíblica o que há mais fundo no coração de Deus, isto é, o que ele se alegra em fazer, o que é mais natural para ele. A misericórdia é natural para ele. A punição não.

Alguns de nós veem o coração de Deus como irritadiço, facilmente ofendido. Alguns de nós veem o seu coração como frio, difícil de se comover. O Antigo Testamento nos dá um Deus cujo coração desafia essas expectativas humanas inatas sobre quem ele é.

Precisamos pisar com cuidado aqui. Todos os atributos de Deus são inegociáveis. Deus deixar de ser justo seria "desdivinizá-lo" tanto quanto se ele deixasse de ser bom. Os teólogos falam da simplicidade de Deus, pela qual querem dizer que Deus não é a soma total do número de seus atributos, como os pedaços de um bolo compõem o bolo inteiro. Pelo contrário, Deus é perfeitamente cada atributo. Deus não tem partes. Ele é justo. Ele é irado. Ele é bom. E assim por diante, cada um em perfeição infinita.

Até quando se trata do coração do próprio Deus, vemos certa complexidade nas primeiras páginas da Escritura. As duas maiores decisões tomadas por Deus depois da criação são descritas como vindo de seu coração: destruir toda a carne, exceto Noé (Gn 6.6), e aceitar o sacrifício de Noé e determinar que nunca haveria um dilúvio novamente sobre a terra (Gn 8.21). Aparentemente, Deus é complexo o suficiente para tomar decisões tanto de juízo quanto de misericórdia a partir de seu coração.

Contudo, se seguirmos de perto e sem ressalvas o testemunho da Escritura, chegaremos a uma afirmação de tirar o fôlego a partir de um ângulo diferente, mais profundo, de que há coisas que fluem de Deus mais naturalmente que outras. Deus é inflexivelmente justo. Mas qual é a sua disposição? O que ele fica animado para fazer? Se você me pegasse desprevenido, o que viria imediatamente de dentro de mim antes de poder recuperar a compostura provavelmente seria um azedume. Se você pegar Deus desprevenido, o que pula mais espontaneamente dele é bênção. O impulso de fazer o bem. O desejo de nos engolir com sua alegria.[4] É por isso que Goodwin pode dizer sobre Deus que "todos os seus atributos parecem simplesmente exibir o seu amor".[5]

Outro texto chave do Antigo Testamento é Oseias 11, em que, logo após presenciar a fornicação espiritual de Israel e o abandono de seu amante divino, Deus conta, comovido de afeição, como ele se sentiu para com Israel: "Quando Israel era menino, eu o amei" (Os 11.1) e, na verdade, "eu ensinei Efraim a andar; eu o carreguei nos braços; [...] eu os atraí com cordas humanas, com laços de amor [...] e me inclinei para alimentá-los" (11.3-4). Contudo, mesmo com esse terno cuidado, "o meu povo é inclinado a desviar-se de mim" (11.7) e a persistir na idolatria (11.2).

Qual é a resposta de Deus, então?

> Como te abandonaria, ó Efraim? Como te entregaria, ó Israel? Como te faria como Admá? Ou como Zeboim? O meu coração se comove, as minhas compaixões despertam todas de uma vez. Não executarei o furor da minha ira;

---

4   Uma explicação particularmente útil da simplicidade divina se encontra em BAVINCK, Herman. *Reformed Dogmatics*. 4 vols. Grand Rapids, MI: Baker, 2003–2008, 2:173–77 [edição em português: *Dogmática reformada*. São Paulo: Cultura Cristã, 2008], que vê a simplicidade de Deus tendo por necessária consequência o fato de que ele é "o supremo amor" (2:176).

5   GOODWIN. *Of Gospel Holiness in the Heart and Life*, in *Works*, 7:211.

> não voltarei para destruir Efraim, porque eu sou Deus e
> não homem, o Santo no meio de ti; eu não chegarei com
> ira. (Os 11.8-9)

Consideramos esse texto no capítulo 7. Eu retorno a ele aqui não só porque ele singularmente focaliza o coração de Deus semelhantemente a Lamentações 3, mas também porque, ao comentar Oseias 11.8, Jonathan Edwards fala algo estranhamente similar ao que Goodwin disse sobre Lamentações 3. "Deus não tem prazer na destruição ou na calamidade de pessoas ou de um povo", diz Edwards. "Ele preferiria que eles voltassem e continuassem em paz. Ele se agradaria se eles abandonassem seus maus caminhos, de modo que ele tivesse a oportunidade de não executar a sua ira sobre eles. Ele é um Deus que se compraz na misericórdia, e o seu juízo é a sua obra estranha".[6]

Seguindo a orientação da Escritura, tanto Edwards quando Goodwin consideram a misericórdia aquilo com que Deus mais se alegra e o juízo a sua "obra estranha".

Ao lermos e refletirmos sobre essa doutrina a partir de grandes teólogos do passado como Jonathan Edwards ou Thomas Goodwin, precisamos entender que eles não estão chamando o juízo de obra "estranha" de Deus por conta de um entendimento fraco da ira e justiça de Deus.

---

6   EDWARDS, Jonathan. "Impending Judgments Averted Only by Reformation," in: MINKEMA, Kenneth (ed.) *The Works of Jonathan Edwards*. Vol. 14, *Sermões e discursos, 1723–1729*. New Haven, CT: Yale University Press, 1997, p. 221. No mesmo sentido, ver a miscelânea 1081em PAUW, Amy Plantinga (ed.) *The Works of Jonathan Edwards*. Vol. 20. *As Miscelâneas 833–1152*. New Haven, CT: Yale University Press, 2002, p. 464-465.

Edwards se tornou conhecido por seu sermão "Pecadores nas mãos de um Deus irado", uma descrição apavorante do perigoso estado dos impenitentes debaixo da ira de Deus — ainda que não seja tão apavorante quanto outros sermões dele, como "A justiça de Deus na danação de pecadores". Foi *esse homem* que afirmou que Deus "se compraz na misericórdia e o seu juízo é a sua obra estranha."

Quanto a Goodwin, ele fez uso da palavra mais do que qualquer outro teólogo (357 vezes) na confecção dos padrões de Westminster na Inglaterra da década de 1640 — aquela grande, precisa declaração de fé (inclusive sobre o inferno) que ensina que, quando quem está fora de Cristo morre, a sua alma "é lançada no inferno, onde ficará em tormentos e em trevas espessas, reservada para o juízo do grande dia final" (Confissão de fé de Westminster, 32.1); e, no juízo final, "os ímpios, que não conhecem a Deus nem obedecem ao evangelho de Jesus Cristo, serão lançados nos eternos tormentos e punidos com a destruição eterna, proveniente da presença do Senhor" (33.2). Essa era a teologia de Goodwin, e ninguém foi mais influente que ele na sua elaboração. Quanto aos escritos do próprio Goodwin, ele não hesitava ao escrever sobre "as dores mais extraordinárias" do inferno, onde "a ira de Deus e a sua palavra atormentam eternamente os homens", pois ele "sabe como torturar extraordinariamente" aqueles que persistem no pecado e não se arrependem.[7]

Edwards, Goodwin e o rio teológico pelo qual nadaram não era sujo. Eles afirmaram, pregaram e ensinaram sobre a ira divina e o inferno eterno. Eles encontraram tais doutrinas na Bíblia (2Ts 1.5-12, por exemplo). Todavia, já que conheciam

---

7   GOODWIN, *Works*, 7:304, 305.

a Bíblia de capa a capa e a seguiam nos mínimos detalhes, eles também discerniram uma linha de ensino nas Escrituras sobre quem Deus mais profundamente é — sobre o coração dele.

E talvez esse seja o segredo da sua influência provada pelo tempo. Há um tipo de pregação e ensino bíblico que não sentiu o coração de Deus por seu povo vacilante, que não provou o que naturalmente flui dele, que, mesmo com toda a precisão, ainda mortifica seus ouvintes, no final das contas. Não era assim com os puritanos ou com os grandes pregadores do Grande Avivamento. Eles sabiam que, quando Deus se digna a derramar bondade sobre seu povo, ele o faz com certa naturalidade que reflete as profundezas de quem ele é. Pois Deus sendo misericordioso é Deus sendo Deus.

Deixados às nossas intuições naturais sobre Deus, concluiríamos que a misericórdia é sua obra estranha e o juízo é a sua obra natural. Refazer a nossa visão sobre Deus ao estudarmos as Escrituras requer que vejamos, auxiliados pelos grandes mestres do passado, que o juízo é a sua obra estranha e a misericórdia, a sua obra natural.

É verdade, ele aflige e humilha os homens. Mas isso não lhe alegra o coração.

16

Senhor, Senhor

Deus misericordioso e compassivo, tardio em irar-se.

ÊXODO 34.6

QUEM É Deus?

Se fôssemos escolher apenas uma passagem do Antigo Testamento para responder a essa questão, seria difícil evitar Êxodo 34. Deus está se revelando a Moisés, fazendo com que sua glória passe por ele, depois de colocá-lo na fenda da rocha (Êx 33.22). Nesse momento crítico, lemos:

> O SENHOR desceu numa nuvem e, pondo-se junto a ele, proclamou o nome do SENHOR. Tendo o SENHOR passado diante de Moisés, proclamou: SENHOR, SENHOR, Deus misericordioso e compassivo, tardio em irar-se e cheio de bondade e de fidelidade; que usa de bondade com milhares; que perdoa a maldade, a transgressão e o pecado; que de maneira alguma considera inocente quem é culpado; que castiga o pecado dos pais nos filhos e nos filhos dos filhos, até a terceira e quarta geração.

Tirando a própria encarnação, talvez esse seja o ponto alto da revelação divina em toda a Bíblia. Uma forma objetiva de demonstrar isso é como esse texto é utilizado no decorrer do

Antigo Testamento. Vez após outra os profetas posteriores a Moisés recorrem a esses dois versículos de Êxodo para afirmar quem Deus é. Uma dessas ocorrências está no contexto imediato do versículo que consideramos há pouco, Lamentações 3.33. No versículo anterior da passagem, Deus é descrito como tendo "compaixão segundo a grandeza da sua misericórdia" (Lm 3.32), e o autor usa diversas das principais palavras em hebraico por trás da revelação de Êxodo 34.6-7. Muitos outros textos também ecoam Êxodo 34, incluindo Números 14.18; Neemias 9.17; 13.22; Salmos 5.8; 69.14; 86.5,15; 103.8; 145.8; Isaías 63.7; Joel 2.13; Jonas 4.2; e Naum 1.3.

Êxodo 34.6-7 não é uma descrição pontual, um comentário periférico e passageiro. Nesse texto, ascendemos ao próprio centro de quem Deus é. Walter Brueggemann, estudioso do Antigo Testamento, dá um lugar especial a este texto em sua *Theology of the Old Testament* [Teologia do Antigo Testamento], chamando-o de "uma caracterização estilizada extremamente importante e bem intencional de Yahweh, uma formulação tão estudada que pode ser considerada uma espécie de declaração normativa clássica a que Israel regularmente retornaria, merecendo o rótulo de 'credo'".[1]

Qual seria então o "credo" de Israel sobre quem Deus é? Não é o que esperávamos.

O que você pensa quando ouve a expressão "a glória de Deus"? Você imagina o tamanho imenso do universo? Uma voz trovejante e assustadora que vem das nuvens?

---

1   BRUEGGEMANN, Walter. *Theology of the Old Testament*: Testimony, Dispute, Advocacy. Minneapolis: Fortress, 1997, p. 216.

Em Êxodo 33, Moisés pede a Deus: "Rogo-te que me mostres tua glória" (33.18). Como Deus responde? "Farei passar toda a minha bondade diante de ti" (33.19). Bondade? A glória de Deus não tem a ver com sua grandeza? Bem, aparentemente não. Então, Deus continua a falar de como ele tem misericórdia e graça de quem ele quiser (33.19). Após, ele diz a Moisés que ele o posicionará na fenda da rocha e que (novamente) a sua *glória* passaria (33.22). Quando o Senhor passa, novamente a sua glória é definida em 34.6-7 como sendo uma questão de sua misericórdia e graça:

> Misericordioso e compassivo, tardio em irar-se e cheio de bondade e de fidelidade; que usa de bondade com milhares; que perdoa a maldade, a transgressão e o pecado; que de maneira alguma considera inocente quem é culpado; que castiga o pecado dos pais nos filhos e nos filhos dos filhos, até a terceira e quarta geração.

Quando falamos da glória de Deus, estamos falando de quem Deus é, do que ele é, de seu resplendor singular, do que torna Deus, bem, *Deus*. E quando o próprio Deus define o que é a sua glória, ele nos surpreende maravilhosamente. Os nossos instintos mais profundos esperam que ele troveje, rodando o martelo, executando seus juízos. Esperamos que a inclinação de seu coração seja retribuir nossos desvios. Então, Êxodo 34 segura o nosso braço e nos faz parar. A inclinação do coração de Deus é a misericórdia. A sua glória é a sua bondade. A sua glória é a sua humildade. "Pois grande é a glória do Senhor. Embora o Senhor seja sublime, ele atenta para o humilde" (Sl 138.5-6).

Considere as palavras de Êxodo 34.6-7.

"Misericordioso e compassivo". Essas são as primeiras palavras que saem da boca de Deus após proclamar o seu nome ("o Senhor" ou "Eu Sou"). *As primeiras palavras*. As únicas duas palavras que Jesus utiliza para descrever o seu coração são *manso* e *humilde* (Mt 11.29). E as primeiras duas palavras que Deus utiliza para se descrever são *misericordioso* e *compassivo*. Deus não revela a sua glória como "Senhor, Senhor, exigente e preciso"; ou "Senhor, Senhor, tolerante e conivente"; ou "Senhor, Senhor, desapontado e frustrado". A sua maior prioridade, seu mais profundo deleite e sua primeira reação — o seu coração — são misericórdia e compaixão. Ele gentilmente se acomoda ao nosso nível, em vez de nos atropelar com o dele.

"Tardio em irar-se." O termo hebraico diz literalmente "de narinas longas". Imagine um touro raivoso, arrastando a pata na terra, respirando em alto som, com as narinas infladas. Isso seria "narinas curtas", por assim dizer. Mas o Senhor tem narinas longas. Ele não tem o dedo no gatilho. É preciso uma provocação bem acumulada para suscitar a sua ira. Diferentemente de nós, que muitas vezes somos represas emocionais prestes a romper, Deus aguenta bastante. É por isso que o Antigo Testamento fala que Deus é "provocado" à ira pelo seu povo dezenas de vezes (especialmente em Deuteronômio; 1—2Reis; e Jeremias). Mas nem uma vez sequer nos é dito Deus é "provocado" ao amor ou à misericórdia. A sua ira requer provocação; a sua misericórdia está engatilhada, prestes a transbordar. Nossa tendência é pensar: a ira divina está engatilhada, prestes a explodir; a misericórdia divina demora a vir. É exatamente o contrário. A misericórdia está prestes a explodir com o menor empurrãozinho.[2] (Para seres humanos caídos, como aprendemos no Novo Testamento, acontece o contrário. Precisamos ser provocados a amar uns aos outros, segundo Hebreus 10.24. Yahweh não precisa de

---

2   Agradeço a Wade Urig por me ajudar a perceber isso.

provocação para amar, somente para se irar. Nós não precisamos de provocações para nos irar, somente para amar. Novamente, a Bíblia é uma longa tentativa de desconstruir a nossa visão natural de quem Deus realmente é.)

"Cheio de bondade e de fidelidade". Estes são termos pactuais. Há uma palavra hebraica por trás de "bondade". É a palavra *hesed*, que se refere ao compromisso especial de Deus com o povo a quem ele alegremente se vinculou numa aliança pactual inquebrável. A palavra "fidelidade" reforça esse ponto — ele nunca vai jogar as mãos para o alto, frustrado, mesmo com todas as razões que seu povo lhe der para tanto. Ele se recusa a até mesmo cogitar a ideia de nos abandonar à nossa própria sorte, ou de afastar seu coração de nós, como fazemos com quem nos machuca. Portanto, ele não simplesmente *passa* por um compromisso pactual de mão aberta, mas *transborda* nele. O seu compromisso determinado por nós nunca seca.

"Que usa de bondade com milhares". Isso poderia ser igualmente traduzido como "que guarda a misericórdia por até mil gerações", como se afirma explicitamente em Deuteronômio 7.9: "Saberás que o SENHOR, teu Deus, é que é Deus, o Deus fiel, que guarda a aliança e a misericórdia por até mil gerações para com os que o amam e obedecem aos seus mandamentos". Isso não significa que a sua bondade acaba com a geração número 1001. É a maneira de Deus de dizer: *meu compromisso com vocês não tem data de validade. Vocês não conseguem se livrar da minha graça. Vocês não podem vencer a minha misericórdia. Vocês não podem fugir da minha bondade. O meu coração é de vocês.*

"Que castiga o pecado dos pais nos filhos e nos filhos dos filhos, até a terceira e quarta geração." Esse fechamento, embora pareça difícil de engolir, é vital — e, quando você para pensar, é ainda mais reconfortante. Sem isso, tudo que veio antes poderia ser entendido como mera leniência. Só que Deus não é um molenga. Ele é a única pessoa perfeitamente justa do universo. De Deus não se zomba; colhemos o que semeamos (Gl 6.7). O pecado e a culpa se transmitem de geração em geração. Vemos isso ao nosso redor o tempo todo neste mundo. Porém, perceba o que Deus diz. O seu amor pactual desce até mil gerações, mas ele castiga pecados geracionais apenas até a terceira ou quarta gerações. Viu a diferença? Sim, os nossos pecados serão transmitidos para nossos filhos e netos. Todavia, a bondade de Deus será transmitida de um modo que inexoravelmente engolirá todos os nossos pecados. As suas misericórdias viajam até mil gerações, superando em muito a terceira ou quarta gerações.

❧

Deus é assim. Segundo a sua própria palavra, este é o seu coração.

A assimetria de Êxodo 34.6-7 nos impressiona. Misericórdia e amor ocupam a maior parte do espaço; a justiça retributiva é reconhecida, mas quase como um adendo. John Owen formulou bem ao comentar esta passagem:

> Quando [Deus] solenemente declarou plenamente a sua natureza pelo seu nome, para que o conhecêssemos e temêssemos, ele o fez enumerando aquelas propriedades que poderiam nos convencer de sua compaixão e longanimidade, mencionando apenas no fim a sua severidade, como aquilo que somente será exercido contra aqueles que desprezaram sua compaixão.[3]

---

3   OWEN, John. *An Exposition of the Epistle to the Hebrews*, in GOOLD, W. H. (ed.) *The Works of John Owen*. Vol. 25. Edinburgh: Banner of Truth, 1965, p. 483.

Os puritanos entendiam que, nesta revelação a Moisés, Deus está abrindo o fundo de seu coração. Na suprema revelação de Deus de todo o Antigo Testamento, o próprio Deus não sente a necessidade de equilibrar a comunicação da misericórdia com comunicações imediatas e proporcionais da sua ira. Pelo contrário, ele se descreve, nas palavras de Richard Sibbes, "revestido de todos os seus doces atributos". Sibbes continua e diz: "Se quisermos conhecer o nome de Deus e ver como ele tem prazer e deleite de se revelar a nós, vamos conhecê-lo pelos nomes que aqui proclama, mostrando que a glória do Senhor no evangelho brilha especialmente na sua misericórdia."[4]

O que vemos em Êxodo 34, e que Owen e Sibbes confirmam, ecoa pelo resto da Bíblia, como em Isaías 54.7-8, onde o Senhor diz:

> Por um breve momento te deixei, mas te trarei de volta com grande compaixão; escondi o meu rosto de ti por um instante, num impulso de indignação; mas me compadecerei de ti com amor eterno, diz o SENHOR, o teu Redentor.

A partir de certo ângulo, a vida cristã é a longa jornada de deixar para trás, ano após ano, as nossas suposições naturais de quem Deus é, substituindo-as lentamente pela insistência do próprio Deus de quem ele é. Isso é difícil e leva tempo. Vários sermões e muitas aflições são necessárias para que creiamos que o coração de Deus é "misericordioso e compassivo, tardio em irar-se". A Queda de Gênesis 3 não só nos trouxe condenação e exílio. Ela também entrincheirou

---

4   SIBBES, Richard. *The Excellency of the Gospel Above the Law*, in GROSART, A.B. (ed.) *The Works of Richard Sibbes*. 7 vol. Edinburgh: Banner of Truth, 1983, 4:245.

nas nossas mentes pensamentos obscuros sobre Deus, pensamentos que somente são cortados pela raiz após uma exposição prolongada ao evangelho no decorrer de vários anos. Talvez a maior vitória de Satanás na sua vida hoje não seja o pecado em que você regularmente cai, mas os pensamentos obscuros sobre o coração de Deus, que fazem você buscar esse tipo de coisa e o deixam frio diante dele logo depois que acontece.

Contudo, é claro, a prova final de quem Deus é não se encontra em Êxodo, mas em Mateus, Marcos, Lucas e João. Em Êxodo 33—34, Moisés não pode ver a face de Deus e viver, porque isso o fulminaria. Mas e se um dia os seres humanos vissem a face de Deus sem serem fulminados? Quando João fala que o Verbo se fez carne, ele diz: "vimos a sua glória" — era o que Moisés tinha pedido, mas não recebeu — "cheio de graça e verdade" (Jo 1.14, ARA, identificando Cristo como a plenitude das mesmas características de Deus em Êx 34.6).

João não é o único evangelista que remete a Êxodo 33—34. Considere o seguinte: a revelação de Êxodo 34 vem após uma alimentação miraculosa (Êx 16.1-36) e uma discussão do sábado (31.12-18); envolve um líder representante de Deus falando com Deus numa montanha (32.1, 15, 19, 34.2, 3, 29); e termina com o povo de Deus aterrorizado, depois pacificado e, por fim, se aproximando e conversando com o líder representante de Deus quando ele desce a montanha (34.30-31); segue-se imediatamente a isso uma repetição do maravilhamento do povo quando o objeto de seu culto entra no meio do seu povo (34.9-10); seguindo-se a isso outro encontro entre o líder representante de Deus e Deus, resultando no brilho radiante no rosto do líder (34.29-33).

Cada um desses detalhes se repete em Marcos 6.45-52 e no seu contexto circundante, quando Jesus anda sobre as águas.[5]

E agora podemos entender por que Jesus pretendia "passar adiante" de seus discípulos, os quais lutavam com seus remos no Mar da Galileia. O texto diz que "E, vendo-os cansados de remar, porque o vento lhes era contrário, foi ao encontro deles andando sobre o mar, pela quarta vigília da noite; e queria passar adiante deles" (Mc 6.48). Por que ele queria passar adiante deles? A razão é que Jesus não queria simplesmente "passar" os seus discípulos no mesmo sentido que um carro ultrapassa o outro no trânsito. O seu passar é bem mais significativo quando visto no seu pano de fundo veterotestamentário. O Senhor diz quatro vezes em Êxodo 33—34 que ele "passaria" adiante de Moisés, sendo que a Septuaginta (a tradução grega do Antigo Testamento) usa a mesma palavra (*parechomai*) que Marcos.

O Senhor passou adiante de Moisés e revelou que a sua glória mais profunda é vista na sua misericórdia e graça. Jesus veio para fazer em carne e osso o que Deus fez em vento e voz no Antigo Testamento.

Quando vemos o Senhor revelando o seu caráter mais genuíno a Moisés em Êxodo 34, estamos vendo a sombra que

---

5   Isto é: alimentação miraculosa (Marcos 6.30-44); discussão do sábado (6.2); líder representante de Deus conversando com Deus numa montanha (6.46); concluindo com o povo de Deus aterrorizado, depois pacificado e, por fim, se aproximando e conversando com o líder representante de Deus quando ele desce a montanha (6.49-50); segue-se a essa passagem uma repetição do maravilhamento do povo quando Jesus está em seu meio (6.53-56); seguindo-se por outro encontro entre o líder representante de Deus e Deus, resultando no brilho radiante no rosto do líder (9.2-13). Os leitores que queiram explorar essas conexões podem consultar ORTLUND, Dane. "The Old Testament Background and Eschatological Significance of Jesus Walking on the Sea (Mark 6:45–52)" *Neotestamentica*. V. 46, ano 2012, p. 319–337.

um dia cederá à realidade, Jesus Cristo, nos Evangelhos. Vimos em 2D o que explodiria no nosso contínuo espaço-tempo em 3D séculos depois, no clímax de toda a história humana.

Lemos sobre o que há no mais fundo do coração de Deus em Êxodo 34. Mas esse coração se mostra no carpinteiro galileu, que atestou que este era o seu coração ao longo de toda a sua vida e então o provou quando foi para aquela cruz romana, descendo ao inferno do abandono divino em nosso lugar.

17

Os seus caminhos
não são os nossos

Os meus pensamentos não são os pensamentos de vocês.
ISAÍAS 55.8 (NVI)

A MENSAGEM DESTE livro é que somos inclinados a projetar nossas expectativas naturais sobre quem Deus é sobre ele, em vez de lutar para deixar a Bíblia nos surpreender com o que o próprio Deus diz. Talvez a passagem bíblica mais clara sobre isso esteja em Isaías 55. Segundo João Calvino, "não há nada que atribule mais a nossa consciência do que pensar que Deus é como nós".[1]

Quando a vida dá uma virada brusca, os cristãos frequentemente citam o bordão, encolhendo os ombros: "os caminhos dele não são os nossos" — referindo-se aos mistérios da providência divina em que ele orquestra os eventos de modo a nos surpreender. A profundeza misteriosa da providência divina não deixa de ser uma verdade bíblica preciosa. Porém, a citação "os caminhos dele não são os nossos" remete a Isaías 55. E

---

1 CALVINO, João. *Commentary on the Prophet Isaiah.* Vol. 4. Trad. William Pringle. Grand Rapids: Baker, 2003, p. 169.

no seu contexto original quer dizer algo bem diferente. Não é uma afirmação de surpresa diante da misteriosa providência de Deus, mas da surpresa do coração compassivo de Deus. A passagem completa diz o seguinte:

> Busquem o Senhor enquanto é possível achá-lo;
>
> clamem por ele enquanto está perto.
>
> Que o ímpio abandone o seu caminho;
>
> e o homem mau, os seus pensamentos.
>
> Volte-se ele para o Senhor,
>
> que terá misericórdia dele;
>
> volte-se para o nosso Deus,
>
> pois ele dá de bom grado o seu perdão.
>
> Pois os meus pensamentos não são os pensamentos de vocês,
>
> nem os seus caminhos são os meus caminhos,
>
> declara o Senhor.
>
> Assim como os céus são mais altos do que a terra,
>
> também os meus caminhos são mais altos do que os seus caminhos;
>
> e os meus pensamentos, mais altos do que os seus pensamentos. (Is 55.6-9, NVI)

A primeira parte da passagem nos diz o que fazer. A segunda parte nos diz o porquê. A transição acontece no final do versículo 7 (que conclui: "ele dá de bom grado o seu perdão"). Todavia, observe a exata linha de raciocínio.

Deus nos chama para buscá-lo, para invocá-lo e convida até os ímpios para que retornem ao Senhor. O que acontecerá depois disso? Deus "terá misericórdia" de nós (v.7). O paralelismo da poesia hebraica nos dá outra forma de dizer que Deus exercerá a sua misericórdia sobre nós: "ele dá de bom grado o seu perdão" (v. 7). Isso é uma profunda consolação para nós quando nos virmos vez após vez nos desviando do Pai, procurando a tranquilidade de nossa alma em qualquer lugar, menos no seu abraço e instrução. Quando retornamos a Deus mais uma vez contritos, por mais envergonhados e enojados que estejamos de nós mesmos, o seu perdão nunca será relutante. Ele dá de bom grado o seu perdão. Ele não simplesmente nos aceita. Ele nos envolve com seus braços novamente.

Todavia, observe o que o texto faz então. Os versículos 8 e 9 nos absorvem mais ainda em sua compaixão e abundante perdão. O versículo 7 nos disse o que Deus faz; os versículos 8 e 9 nos dizem quem ele é. Em outras palavras, Deus sabe que, *mesmo quando ouvimos de seu perdão compassivo, nós demoramos a entender a sua promessa por termos uma visão diminuta do coração de onde vem tal perdão compassivo.* É por isso que o Senhor continua:

> Pois os meus pensamentos não são os pensamentos de vocês,
>
> nem os seus caminhos são os meus caminhos,
>
> declara o Senhor.
>
> Assim como os céus são mais altos do que a terra,
>
> também os meus caminhos são mais altos do que os seus caminhos;
>
> e os meus pensamentos, mais altos do que os seus pensamentos.

O que Deus está dizendo? Ele está nos contando que não podemos ver suas expressões de misericórdia com nossos velhos olhos. A nossa visão de Deus precisa mudar. O que diríamos para uma criança de sete anos que, ao ganhar um presente de aniversário de seu carinhoso pai, imediatamente corre para o seu cofrinho para tentar pagar o seu pai de volta? Como seria doloroso para o coração do pai. Essa criança precisa mudar a sua visão de quem o seu pai é e do que seu pai gosta de fazer.

O impulso natural do coração humano caído corre em direção à reciprocidade, ao toma-lá-dá-cá, à equanimidade, ao equilíbrio da balança. Somos muito mais intratavelmente *aficionados pela lei* do que percebemos. Esse impulso tem algo de saudável e glorioso em si, é claro — feitos à imagem de Deus, desejamos ordem e justiça em vez de caos. Mas esse impulso, como cada parte de nós, adoeceu pela queda desastrosa em pecado. A nossa capacidade de apreender o coração de Deus colapsou. Acabamos com uma visão empobrecida de como ele se sente em relação a seu povo, visão empobrecida esta (novamente, por causa do pecado) que pensa que é uma visão tamanho real e precisa de quem ele é — como um neto que, ao ver uma nota de cem dólares amassada, conclui que seu avô deve ser bem rico, ignorando os bilhões de investimentos dos quais aquele presente é só um minúsculo reflexo.

Então, Deus nos diz claramente quão minúsculas são nossas visões naturais de seu coração. Os pensamentos dele não são os nossos. Os caminhos dele não são os nossos. E não é como se estivéssemos alguns degraus abaixo. Não, "assim como os céus são mais altos do que a terra" — uma figura de linguagem hebraica para expressar a infinitude espacial — "também os meus caminhos são mais altos do que os seus caminhos; e os meus pensamentos, mais altos do que os seus pensamentos" (v. 9). No versículo 8, Deus diz que os caminhos dele são diferentes dos nossos. No versículo seguinte ele é mais específico e diz que seus pensamentos são mais altos. É como se Deus estivesse dizendo no versículo 8 que há uma grande diferença entre como ele pensa e como nós pensamos, enquanto no versículo 9 ele diz exatamente qual é a diferença, a saber, os seus "pensamentos" (a palavra hebraica não significa "uma impressão mental passageira", mas "planos", "estratagemas", "intenções" e "propósitos") são mais altos, grandiosos, envoltos em uma compaixão para a qual pecadores caídos como nós não têm uma categoria natural.

Há só mais um lugar na Bíblia em que temos a mesma frase ("assim como os céus são mais altos do que a terra"). No Salmo 103, Davi ora: "Pois seu amor para com os que o temem é grande, tanto quanto o céu se eleva acima da terra" (v. 11). As duas passagens — Salmos 103.11 e Isaías 55.9 — se esclarecem mutuamente.[2] Os caminhos e pensamentos de Deus não são os nossos caminhos e pensamentos na medida em que os dele são pensamentos de amor e caminhos de misericórdia que ultrapassam nossos horizontes mentais.

Calvino, o teólogo mais conhecido por seu ensino sobre a divina providência, percebeu que Isaías 55 não trata tanto assim sobre o mistério da providência. Ele observa que alguns interpretam a frase "os meus pensamentos não são os pensamentos de vocês" como um mero distanciamento entre Deus e nós, expressando o golfo enorme entre a sagrada divindade e a profana humanidade. Contudo, Calvino percebeu que, na verdade, o fluxo da passagem vai na direção exatamente oposta. De fato, há uma grande distância entre Deus e nós. Nossos pensamentos sobre o coração de Deus são minúsculos, mas ele sabe que o coração dele está inviolavelmente, totalmente e invencivelmente direcionado a nós.

Segundo Calvino, "já que é difícil remover o terror de mentes trêmulas, Isaías parte em seu argumento da natureza

---

2   O texto hebraico em ambos os versículos é *quase* idêntico, com apenas uma diferença na preposição, preservando-se o mesmo significado essencial.

de Deus, de que ele está disposto a perdoar e se reconciliar".[3] Calvino, então, foca no cerne do que Deus nos conta neste texto. Após identificar a interpretação errônea, ele diz:

> Mas o que o profeta quis dizer, penso eu, é diferente e se explica mais corretamente, segundo meu juízo, por outros comentadores, que pensam que ele traça uma distinção entre a disposição de Deus e a disposição do homem. Os homens são inclinados a julgar e a medir Deus por conta própria, pois seus corações são movidos por paixões raivosas e são muito difíceis de apaziguar. Portanto, pensam que não podem ser reconciliados a Deus, quando o ofendem. Porém, o Senhor mostra que ele está longe de se assemelhar ao homem.[4]

O termo que Calvino usa para disposição de Deus aqui é um termo que remete ao coração. Lembre que, quando falamos sobre o coração de Deus, estamos falando do poder engatilhado de suas afeições, sua inclinação natural, o fluxo regular de quem ele é e do que ele faz. E a disposição divina, ensina Calvino seguindo Isaías 55, é o negativo, o inverso de nossa disposição natural caída.

As nossas apreensões letárgicas da alegria reverberante do perdão divino abaixam o nível de quem percebemos que Deus é, mas não limitam quem Deus de fato é. "Deus é infinitamente compassivo e infinitamente pronto a perdoar, de modo que se

---

3   CALVINO. *Isaiah*, p. 168.
4   Ibidem. Calvino diz algo semelhante ao comentar Salmos 89.2: "Nunca um homem abriria livremente sua boca para louvar a Deus, a não ser que estivesse plenamente persuadido de que Deus, mesmo quando irado contra o seu povo, jamais abandona sua afeição paternal por eles". CALVINO, João. *Commentary on the Book of Psalms*. Vol. 3. Trad. James Anderson. Grand Rapids: Baker, 2003, p. 420.

deve atribuir exclusivamente à nossa incredulidade, caso não obtenhamos dele o perdão."[5]

O coração compassivo de Deus confunde nossas predileções intuitivas sobre como ele ama responder o seu povo caso ele simplesmente deixe no seu colo a ruína e a bagunça de suas vidas.

Ele não é como você. Até o mais intenso amor humano é apenas um eco tímido da abundância transbordante dos céus. Os seus pensamentos cordiais por você ultrapassam o que você pode imaginar. Ele pretende restaurá-lo ao resplendor radiante para o qual você foi criado. E isso não depende de você se manter limpo, mas de você levar sua bagunça a ele. Ele não se limita a trabalhar com as nossas partes que permanecem imaculadas depois de uma vida de pecado. O seu poder vai tão fundo que é capaz de redimir as piores partes do nosso passado para que se tornem as partes mais radiantes do nosso futuro. Mas precisamos levar essas misérias tenebrosas a ele.

Sabemos que ele é o restaurador futuro dos que não merecem porque é isso que o resto da passagem diz:

> Saireis com alegria e sereis guiados em paz; os montes e as colinas romperão em cânticos diante de vós, e todas as árvores do campo baterão palmas. O pinheiro crescerá no lugar do espinheiro, e no lugar da sarça crescerá a murta. Isso exaltará o nome do SENHOR e será um sinal eterno, que nunca deixará de existir (Is 55.12-13).

---

5   CALVINO. *Isaiah*, p. 169. Goodwin também reflete sobre Isaías em *The Works of Thomas Goodwin*. 12 vols. Grand Rapids, MI: Reformation Heritage, 2006, 2:194.

Os pensamentos de Deus são tão mais altos que os nossos que ele não só perdoa abundantemente o penitente; ele se determinou a levar o seu povo a um futuro glorioso pelo qual dificilmente ousamos esperar. A poesia desta passagem comunica de forma bela que o coração de Deus pelo seu povo aumenta o seu tom à medida que passam as gerações, preparando para explodir na história humana no fim de todas as coisas. A nossa humanidade alegremente restaurada emergirá com tanta energia nuclear espiritual que a própria criação entrará em erupção, rasgando hinos de celebração. Essa é a festa pela qual a ordem criada espera ansiosamente (Rm 8.19), pois a sua glória está vinculada e dependente da nossa glória (Rm 8.21). O universo será limpo e restaurado ao brilho resplandecente e à dignidade à medida que os filhos e filhas de Deus entram em um futuro tão seguro quanto imerecido.

Como podemos ter tanta certeza?

Porque, embora seus caminhos sejam mais altos que os nossos, a *forma* que seus pensamentos são mais altos é porque não percebemos quão baixo ele se compraz em vir. Como lemos alguns capítulos depois em Isaías:

> Porque assim diz o Alto e o Sublime, que habita na eternidade e cujo nome é santo: Habito num lugar alto e santo, e também com o contrito e humilde de espírito, para vivificar o espírito dos humildes e o coração dos contritos. (Is 57.15)

Pelo que se atrai naturalmente o coração de Deus, o indizivelmente Exaltado, segundo Isaías 57.15? Pelo humilde. Quando Jesus apareceu setecentos anos depois de Isaías profetizar e revelou o fundo do seu coração como "manso e humilde", ele estava provando de uma vez por todas que a mansidão humilde é justamente onde Deus ama habitar. É isso que ele faz. É isso que ele é. Os caminhos dele não são os nossos.

18

Entranhas comovidas

O meu coração se comove por ele.

JEREMIAS 31.20

O PONTO ALTO da profecia de Jeremias se encontra nos capítulos 30–33. Os estudiosos chamam esta parte de "Livro da Consolação", porque Deus revela ao seu povo nesses últimos capítulos a resposta definitiva à pecaminosidade deles, e ela não é o que eles merecem. Embora esperem juízo, ele os surpreende com conforto. Por quê? Porque ele os colocou em seu coração e não tem jeito de saírem de lá, nem pecando. "Com amor eterno te amei", ele lhes assegura (Jr 31.3).

O que veio antes do Livro da Consolação? Vinte e nove capítulos de recapitulação sórdida da pecaminosidade de Israel. Para escolher algumas citações representativas dos capítulos iniciais:

- "E pronunciarei contra eles os meus juízos por causa de todas as suas maldades" (1.16).
- "eles me abandonaram" (2.13).
- "Manchaste a terra com a tua prostituição e com a tua maldade" (3.2).

- "Até quando abrigarás em ti planos malignos?" (4.14)
- "Mas este povo é de coração obstinado e rebelde" (5.23).
- "Como o poço conserva frescas as suas águas, assim ela conserva fresca a sua maldade" (6.7).

E assim vai por vinte e nove capítulos. Depois, passando os capítulos 30—33, o resto do livro é juízo contra as nações.

Todavia, aqui, no centro do livro, o pináculo de onde todos os cinquenta e dois capítulos do livro podem ser vistos, é o Livro da Consolação. Dentro desses quatro capítulos, talvez o texto que melhor os resuma seja 31.20:

> Não é Efraim meu filho querido, o filho em quem me alegro? Pois cada vez que falo dele, lembro-me dele com apreço. Por isso, o meu coração se comove por ele, e lhe mostrarei a minha grande compaixão, diz o SENHOR.

"Efraim" é nada mais que outro termo para Israel, o povo de Deus, embora pareça ser uma espécie de termo afetivo que Deus usa para Israel durante todo o Antigo Testamento. E Deus pergunta: "não é ... [ele] o filho em quem me alegro?". Deus não está em dúvida. É uma declaração coberta da gentileza de uma pergunta. O seu povo é um filho querido, o filho em quem ele se alegra. A sua doutrina de Deus tem espaço para que ele fale assim?

"Pois tantas vezes quanto falo contra ele" — como ele o fez por vinte e nove capítulos, repreendendo severamente o seu povo — "tantas vezes ternamente me lembro dele" (ARA). *Lembrar* aqui não é a mera faculdade da memória. É Deus quem está falando. Ele é onisciente. Ele vê toda verdade sobre todas as coisas em todos os tempos na sua mente com o mesmo perfeito conhecimento. *Lembrar* aqui é um termo pactual. É relacional. Lembrar aqui não é o contrário de esquecer, mas o contrário de *abandonar*.

Então, chega o ponto alto do versículo chave do quarto capítulo do centro do livro de Jeremias: "Por isso, o meu coração se comove por ele".

⌒

"Meu coração." Há outro termo hebraico para "coração", *lev* (pronunciado lāve), que é a palavra hebraica típica para "coração" no Antigo Testamento (como em Lm 3.33: "Não lhe alegra o *coração* [...] afligir os homens"). Mas aqui em Jeremias 31 a palavra é *meah*. Refere-se literalmente ao interior da pessoa, às entranhas. É por isso que traduções mais antigas, como a Tradução Brasileira, poderiam traduzir como "entranhas". É a palavra utilizada, por exemplo, em 2Samuel 20.10, quando Joabe matou Amasa, "de modo que este o feriu na barriga. Suas *entranhas* se esparramaram no chão, e ele morreu de um só golpe".

É claro, Deus não tem entranhas. É uma forma de falar sobre seus reflexos internos, sobre o seu interior agitado, seus sentimentos mais profundos dos quais nossas emoções são uma imagem — numa palavra, com o texto diz, é sobre o seu coração. Calvino nos lembra de que falar das entranhas ou do coração de Deus "não é cabível apropriadamente a Deus", mas de modo algum isso dilui a verdade que Deus está verdadeiramente comunicando "a grandeza do seu amor para conosco".[1]

Observe que o texto diz o que o coração dele faz. "Meu coração *se comove* por ele". O que é comover? É diferente de abençoar, salvar ou até amar. A palavra hebraica aqui (*hamah*) denota em seu radical a ideia de ser inquieto ou agitado,

---

1   CALVINO, João. *Commentaries on the Prophet Jeremiah and the Lamentations*. Vol. 4. Trad.. J. Owen. Grand Rapids, MI: Baker, 2003, p. 109.

até mesmo de roncar, rugir, se atormentar ou atribular. Você percebeu o que Deus está revelando sobre si, no que ele está insistindo? As suas gigantescas afeições pelos seus não são ameaçadas pela instabilidade deles, porque transborda do coração dele a turbulência do anseio divino. E o que Deus quer, ele consegue.

Por isso "lhe mostrarei a minha grande compaixão". Se fosse para traduzir literalmente, o texto diria algo estranho, como: "tendo compaixão, terei compaixão dele". Às vezes o hebraico duplica um verbo para enfatizar (a mesma construção acontece anteriormente no versículo com "lembrar"). O coração comovido de Deus livra, vez após vez, pecadores que se veem afundando no esgoto de suas vidas, ao longo de vinte e nove capítulos, precisando de um resgate que eles não podem nem mesmo começar sozinhos, muito menos completar.

Quem você percebe que ele é, *justamente* durante o seu pecado e o seu sofrimento? Quem você pensa que Deus é — não só no papel, mas no tipo de pessoa que você acredita que o esteja ouvindo quando você ora? Como ele se sente sobre você? A salvação dele não é fria e calculista. É uma questão de comoção — não uma comoção por quem você é nas redes sociais, o seu eu que você projeta às pessoas ao seu redor. Não é o eu que você deseja ser. É uma comoção pelo seu eu real. O eu subjacente a tudo que você apresenta às outras pessoas.

Precisamos entender que, por mais tempo que estejamos andando com o Senhor, quer nunca tenhamos lido a Bíblia inteira, quer tenhamos um doutorado sobre ela, nós temos uma resistência perversa a isso. De seu coração flui a misericórdia; do nosso, resistência a recebê-la. Nós é que somos frios e calculistas, não ele. Ele está de braços abertos. Nós, de braços fechados. Nossas visões naturalmente descafeinadas do coração de Deus podem parecer certas porque somos rígidos conosco, não nos deixando sair impunes facilmente. Tal rigidez parece de fato séria moralmente. Porém, essa fuga do coração comovido de Deus não reflete o testemunho da Escritura sobre como Deus se sente sobre os seus. É claro, Deus é sério moralmente, bem mais do que nós. Mas a Bíblia nos toma pela mão e nos tira o sentimento de que o coração dele vacila de acordo com nossa amabilidade. O coração de Deus confunde as nossas intuições de quem ele é.

Thomas Goodwin cita Jeremias 31.20 e então deduz que, se isso é verdade para Deus, quanto mais seria de Cristo. Ele explica que um texto desses "poderia nos fornecer as poderosas consolações e encorajamentos" na presença de muitos pecados nas nossas vidas:

> Há consolo para tais enfermidades, na medida em que os seus próprios pecados o movem mais à compaixão que à ira. [...] Cristo toma o seu lado e longe está de ser provocado contra você, já que toda sua ira se tornou contra o seu pecado para arruiná-lo. Sim, a sua compaixão cresce ainda mais por você, assim como o coração de um pai trata um filho com uma enfermidade incurável, ou como alguém trata o membro do seu corpo que tem lepra, ele não odeia o membro, pois faz parte da sua carne, mas sim a doença, e isso suscita compaixão pela parte afetada ainda mais. O que ficará em nosso caminho, se nossos pecados, que são tanto contra Cristo quanto contra nós, se tornam motivos para ele se compadecer ainda mais de nós?[2]

Goodwin explica que nossa misericórdia e compaixão são suscitadas à proporção que mais amamos a pessoa envolvida. "Quanto maior a miséria, maior é a compaixão pela parte

---

2   GOODWIN, Thomas. *The Heart of Christ*. Edinburgh: Banner of Truth, 2011, p. 155-156.

amada. Agora, de todas as misérias, o pecado é a maior. [...] Cristo nos trata assim." Como, então, ele responde a tanta feiura na nossa vida? "E ele, amando as pessoas, e odiando apenas o pecado, todo o seu ódio recai somente sobre o pecado, para o libertar de sua ruína e destruição. Por outro lado, suas afeições são ainda mais atraídas a você, tanto se você estiver sob pecado quanto se você estiver sob qualquer outra aflição. Por isso, não tema"[3].

Alguns de nós separamos nossos pecados de nossos sofrimentos. Somos culpados pelos nossos pecados, afinal, ao passo que (em boa parte, pelo menos) nosso sofrimento é simplesmente o que recai sobre nós neste mundo arruinado pela Queda. Então, tendemos ter maior dificuldade de esperar a gentil compaixão de Deus por nossos pecados da mesma forma que com nossos sofrimentos. O coração dele flui mais livremente quando pecam contra mim do que quando eu mesmo peco, certo?

Contudo, observe a lógica de Goodwin. Se a intensidade do amor depende da intensidade da miséria da pessoa amada, e se a nossa maior miséria é a nossa pecaminosidade, então o amor mais intenso de Deus vem a nós em nossa pecaminosidade. Sim, segundo Goodwin, Deus odeia — o pecado. E a soma de amor por nós e de ódio contra nosso pecado resulta na certeza mais onipotente possível de que ele garantirá, um dia, nossa libertação final do pecado e um regozijo sem filtros de seu coração alegre por nós.

O mundo está faminto por um amor comovente, um amor que lembre em vez de abandonar. Um amor que não

---

3   Ibid., p. 156.

seja vinculado a nossa amabilidade. Um amor que vá além de nossa bagunça. Um amor que seja maior que as trevas ao nosso redor pelas quais talvez estejamos passando mesmo hoje. Um amor do qual mesmo o melhor romance humano é um tímido suspiro.

Contudo, isso tudo pode parecer tão abstrato quando Jeremias fala do coração de Deus — subjetivo, piegas, etéreo. Mas lembre por que Goodwin pode ir tão facilmente do coração de Deus em Jeremias para o coração de Cristo. E se o abstrato se tornasse concreto? E se o coração de Deus não fosse algo descendo a nós dos céus, mas algo que se mostrasse a nós aqui na terra? E se víssemos o coração de Deus não num profeta proclamando certas palavras, mas num profeta proclamando que ele *era* a Palavra de Deus — a incorporação de tudo que Deus quer dizer a nós?

E se Jeremias 31.20 — "meu coração se comove por ele" —, se essas exatas palavras se vestissem de carne, como seria?

É o que nos perguntamos. Seria um carpinteiro do Oriente Médio restaurando a dignidade, humanidade, saúde e consciência de homens e mulheres por meio de curas, exorcismos, ensinos, abraços e perdão.

E agora começamos a ver a resolução da tensão que Jeremias 31.20 construiu, uma tensão que ressoa por todo o Antigo Testamento, ganhando força e ficando cada vez mais clara — a tensão entre a justiça e a misericórdia divinas. Deus diz aqui: "eu falo contra ele", mas também diz: "lembro-me dele com apreço". Repreensão *e* amor, justiça *e* misericórdia — indo e vindo aqui, como em todo o Antigo Testamento.

Porém, no auge da história humana, a justiça foi plenamente satisfeita e a misericórdia foi completamente derramada ao mesmo tempo, quando o Pai enviou o seu eterno "Filho querido" e seu "Filho em quem se alegra" para uma cruz romana, onde

Deus realmente falou "contra" ele, onde Jesus Cristo derramou o seu sangue, o inocente pelos culpados, de modo que Deus pudesse dizer para nós: "lembro-me dele com apreço". Até mesmo quando ele abandonou Jesus.

Na cruz, vemos o que Deus fez para satisfazer seu anseio comovido por nós. Ele foi longe assim. Ele foi até o fim. O ardor caloroso das entranhas celestiais se canaliza na crucificação de Cristo.

Arrependa-se de seus pensamentos medíocres sobre o coração de Deus. Arrependa-se. Deixe ele te amar.

19

Rico em misericórdia

Mas Deus, que é rico em misericórdia...

Efésios 2.4

As obras colecionadas de Thomas Goodwin é uma coleção de obras do autor composta por doze volumes, cada um com cerca de 500 páginas, com letra pequena e uma escrita densa. O volume 2 se dedica inteiramente ao capítulo 2 de Efésios. Esse volume é uma série de sermões e Goodwin desacelera bastante quando chega ao versículo 4, dedicando diversos sermões a esse único versículo:

> Mas Deus, que é rico em misericórdia, pelo imenso amor com que nos amou...

Os versículos 1 a 3 nos dizem por que precisamos de salvação: estávamos mortos espiritualmente. Os versículos 5 e 6 nos dizem o que é essa salvação: Deus nos dá vida. Mas é o versículo 4, bem no meio, que diz por que Deus nos salvou. Os versículos 1 a 3 têm o problema; os versículos 5 a 6, a solução; e o versículo 4, a razão pela qual Deus quis consertar esse problema em vez de nos deixar por conta própria.

E qual foi a razão? Deus não é pobre em misericórdia. Ele é rico em misericórdia.

Em nenhum lugar da Bíblia Deus é descrito como sendo rico em qualquer outro ponto. Apenas se diz que ele é *rico* em uma coisa: misericórdia. O que isso significa? Significa que Deus é diferente do que aquilo que naturalmente acreditamos que ele é. Significa que a vida cristã é um fluxo vitalício de pensamentos oscilantes sobre a bondade de Deus. Em sua justiça, Deus é rigoroso. Em sua misericórdia, Deus é transbordante. "Ele é rico para com todos, isto é, ele é infinito, transbordante em bondade, ele é uma profusão de bondade, ele é o bem se derramando em riquezas, ele é bom em abundância"[1]. Assim como o Antigo Testamento duplica a ideia de "ter misericórdia" em Jeremias 31.20, o Novo Testamento chama Deus de "rico em misericórdia."

Tendo analisado nos capítulos anteriores as antecipações no Antigo Testamento ao que explode em cena na história humana em Mateus 11.29, e a cada episódio nos quatro Evangelhos, agora retornamos ao Novo Testamento para os nossos últimos capítulos.

＠

Efésios 2.4 diz: "Deus, que *é* rico em misericórdia..." Ele *é*, não *se tornou*. Uma afirmação dessas nos leva aos recessos mais profundos do Criador, no Santo dos Santos celestial, para além do véu interior, desvendando a nós o centro pulsante do ser e da natureza de Deus. "Ele é a fonte de toda misericórdia [...] isto é natural para ele. [...] É sua natureza e disposição, porque, quando demonstra misericórdia, ele o faz de todo o coração"[2]. É por isso que ele *tem prazer* na misericórdia (Mq

---

1   GOODWIN, Thomas. *The Works of Thomas Goodwin*. 12 vol. Grand Rapids, MI: Reformation Heritage, 2006, 2:182.
2   Ibid., 2:179.

7.18). É por isso que Davi reconhece, numa oração a Deus, que a misericórdia demonstrada a ele fora "conforme o teu coração" (1Cr 17.19, TB). Ele é a fonte de misericórdia. Ele é bilionário na moeda da misericórdia, e as retiradas que fazemos ao pecar durante nossa vida aumentam a fortuna dele, em vez de diminuir.

Como isso é possível? Porque a misericórdia é quem ele é. Se a misericórdia fosse algo que ele simplesmente possuísse, enquanto sua natureza mais profunda fosse algo diferente, haveria um limite para quanta misericórdia ele poderia dar. Mas se ele é essencialmente misericordioso, então derramar misericórdia, para ele, é simplesmente agir de acordo com quem ele é. É simplesmente ele ser Deus. Quando Deus demonstra misericórdia, ele age sendo ele mesmo. Novamente, isso não significa que ele é *apenas* misericordioso. Ele também é perfeitamente justo e santo. Ele é retamente irado contra o pecado e os pecadores. No entanto, seguindo a forma que a Escritura fala sobre Deus, esses atributos de padrões morais não refletem o seu coração mais profundo.

O texto prossegue para juntar a natureza rica em misericórdia de Deus com seu grande amor: "Mas Deus, que é rico em misericórdia, pelo imenso amor com que nos amou..." Considere o que Goodwin diz:

> Onde há a mera menção hipotética ou interrogativa sobre se Deus abandonará ou lançará fora o seu povo ou não, você verá que ele a descarta com a maior indignação, devido a grandeza de seu amor. [...] Ele fala com o maior desprezo de sequer haver tal ideia em Deus. [...] Ele fica tão possuído de amor por seu povo que nem quer saber do contrário. [...] Sim, o seu amor é tão forte que, se há alguma acusação — se em algum tempo o pecado ou o diabo acusam —, isso só faz Deus abençoar mais. O seu

amor é tão violento, tão fixo, que isso se torna oportunidade para ele abençoar ainda mais.[3]

Quando a Escritura fala do "imenso amor com que nos amou", precisamos entender o ponto que Goodwin ressalta. O amor divino não é mera tolerância, longanimidade ou paciência. Embora realmente ele nos suporte, o seu amor é mais profundo e mais ativo. O seu amor é imenso porque ele vem à tona ainda mais forte quando a pessoa amada é ameaçada, mesmo se a ameaça resulta de sua própria tolice. Entendemos isso no nível humano; o amor de um pai terreno emerge dentro dele quando vê seu filho sendo acusado ou afligido, mesmo se a acusação é justa e a aflição é merecida. Uma afeição renovada ferve dentro dele.

E é aí que entra a misericórdia. Ele nos ama — como Goodwin fala repetidamente em um de seus sermões em Efésios 2.4 — com um amor "invencível".[4] À medida que o amor sobe, a misericórdia desce. O imenso amor enche o coração dele e a rica misericórdia flui desse mesmo coração.

Talvez isso tudo pareça um pouco abstrato. Misericórdia e amor são conceitos um pouco vagos, afinal. Eles soam bem, mas o que isso quer dizer no meu desânimo de segunda-feira, no meu cansaço de quarta-feira, na minha solidão das noites de sexta e no meu tédio da manhã de domingo?

Duas reflexões podem ajudar: uma sobre a necessidade dessa rica misericórdia e a outra sobre a incorporação dessa rica misericórdia.

---

3   Ibid., 2:176.
4   Ibid., 2:170-180.

Em primeiro lugar, a necessidade da rica misericórdia. Efésios 2.4 não sai andando sozinho. É uma curva de um rio caudaloso que corta os seis capítulos de Efésios. E a queda d'água logo acima de 2.4 diz o seguinte:

> Ele vos deu vida, estando vós mortos nas vossas transgressões e pecados, nos quais andastes no passado, no caminho deste mundo, segundo o príncipe do poderio do ar, do espírito que agora age nos filhos da desobediência, entre os quais todos nós também antes andávamos, seguindo os desejos carnais, fazendo a vontade da carne e da mente; e éramos por natureza filhos da ira, assim como os demais. (2.1-3)

Cristo não foi enviado para endireitar pessoas machucadas, ou acordar quem estava dormindo, ou para alertar desavisados, ou para inspirar entediados, ou para tirar preguiçosos do lugar, ou para educar ignorantes. Ele veio para ressuscitar os mortos.

Considere o impacto geral desses três versículos. Paulo não está falando do pecado da forma como estamos acostumados: "eu escorreguei", "não era o que eu queria fazer", "estou lutando com isso". Paulo identifica o pecado como o fluxo total, abrangente e inexorável da nossa vida. Os nossos pecados não são tanto como um homem na maior parte saudável ocasionalmente gripado, mas sim como um homem que está enfermo da cabeça aos pés — ou, para levar a linguagem de Efésios 2 a sério, um homem que está morto.

Estávamos seguindo Satanás ("o príncipe do poderio do ar"), mesmo sem saber. O poder do inferno não só era aquilo a que cedíamos, era algo dentro de nós — o "espírito que agora age *nos* filhos da desobediência." Nós "éramos por natureza filhos da ira". A ira divina é tão merecida, tão apropriada, que é como se fôssemos filhos dela. Não escorregávamos de vez em quando nas paixões da carne — nós vivíamos nessas paixões.

Era o ar que respirávamos. Assim como a água está para o peixe, a feiura desordenada do desejo era para nós. Inspirávamos rejeição a Deus e expirávamos a autodestruição e o juízo muito bem merecido. Por detrás de nossos sorrisos na mercearia e dos cumprimentos educados com o vizinho, entronizávamos silenciosamente o eu e esvaziávamos a nossa alma da beleza, dignidade e adoração para as quais fomos feitos. O pecado não era um lapso, era o que definia a nossa existência a cada momento, em cada aspecto — palavra, pensamento e, sim, até nos desejos — "fazendo a vontade da carne e da mente". Não só vivíamos em pecado. Nós gostávamos de viver em pecado. Era o nosso tesouro precioso, o nosso anel de Gollum, o nosso prazer secreto. Em suma, estávamos mortos. Totalmente inutilizados. E foi isso que a misericórdia curou.

Bem, você pode dizer que isso não o descreve completamente. Você cresceu num lar estruturado, foi à igreja, nunca fez mal para ninguém, nunca foi preso e foi um bom vizinho. Mas olha o que Paulo diz: "entre os quais *todos nós* também antes andávamos".

Certamente não. Este é Paulo, o ex-fariseu, o legalista dos legalistas, nas suas palavras, "hebreu de hebreus; quanto à lei, fui fariseu; quanto ao zelo, persegui a igreja; quanto à justiça que há na lei, eu era irrepreensível" (Fp 3.5-6). Como ele poderia se incluir entre aqueles que se entregavam às paixões da carne? Ele se descreveu assim mais de uma vez. Várias vezes em Atos, como em Filipenses 3, Paulo narra a sua vida anterior como "instruído de acordo com o rigor da lei de nossos pais" (At 22.3), ou "segundo o mais severo grupo da nossa religião" (At 26.5), desde pequeno (At 26.4). Entretanto, assim como em Efésios 2, em Tito 3 ele novamente identifica sua vida pregressa assim: "insensatos, desobedientes, desencaminhados, servíamos a várias paixões e prazeres" (Tt 3.3). Então, qual vai ser?

A única maneira de compreender esses dois tipos de passagem é entender que podemos ventilar nossas paixões carnais tanto quebrando todas as regras quanto observando todas elas. De todo modo, precisamos de ressurreição. Podemos ser pessoas mortas imorais ou morais. De uma forma ou de outra, estamos mortos.

A misericórdia de Deus desce e purifica não só pessoas obviamente ruins, mas pessoas fraudulentamente boas, ambas igualmente precisando de ressurreição.

Deus é rico em misericórdia. Ele não retém a misericórdia para alguns tipos de pecador ao mesmo tempo em que a estende a outros. Porque a misericórdia é quem ele é — "*é* rico em misericórdia" —, seu coração faz jorrar misericórdia sobre todo tipo de pecador. A sua misericórdia vence até mesmo a morte de nossa alma e a existência vazia, de zumbi, em que naturalmente nascemos.

A misericórdia de Efésios 2.4 não parece distante e abstrata quando sentimos o peso de nosso pecado.

Em segundo lugar, a incorporação da rica misericórdia.

A riqueza da misericórdia divina se torna real a nós não só quando percebemos a nossa depravação natural, mas também quando vemos o rio de misericórdia que flui do coração de Deus assumir forma humana. Talvez a noção da misericórdia celestial pareça abstrata, mas e se essa misericórdia se tornasse algo que podemos ver, ouvir e tocar?

Isso foi o que aconteceu na encarnação. Quando Paulo fala sobre a manifestação salvadora de Cristo, ele diz: "Porque a graça de Deus se manifestou" (Tt 2.11). A graça e a misericórdia de Deus estão vinculadas e manifestadas em Jesus a tal ponto que falar da manifestação de Cristo é falar da manifestação da graça. Segundo Sibbes, "Cristo nada mais é que a pura graça revestida de nossa natureza".[5]

Portanto, quando olhamos para o ministério de Cristo nos quatro Evangelhos, estamos vendo o que é ser "rico em misericórdia" — como o "rico em misericórdia" fala, como ele se porta com pecadores e como se comove com sofredores. Jesus não só provou que Deus é rico em misericórdia quando se submeteu à cruz e morreu em nosso lugar para assegurar essa misericórdia. Jesus também nos mostra como a riqueza de Deus em misericórdia vive e fala.

Em outras palavras, o amor de Deus é "invencível" (para usar o termo de Goodwin) por causa da vinda de Cristo. Posteriormente em Efésios 2.6, Paulo diz que nós, agora mesmo, estamos assentados com Cristo nos céus. Isso significa que, se você está em Cristo, você é eternamente invencível como ele é. Sibbes disse: "Se Cristo está livre de alguma coisa, qualquer coisa, eu estou livre disso. Isso não pode me atingir mais do que pode atingi-lo agora nos céus".[6] Para Deus "desressuscitar" alguém, para ele dar fim à sua rica misericórdia, o próprio Jesus Cristo precisaria ser abduzido do céu e recolocado na tumba de José de Arimateia. Esse é o nível da sua segurança.

Considere a riqueza da misericórdia de Deus na sua vida.

Ele não deixa trabalho por fazer. A própria natureza dele é encarar a morte e trazer vida. Ele o fez decisivamente de uma vez por todas quando você se converteu, mas ele continua

---

5   SIBBES, Richard. *The Church's Riches by Christ's Poverty*, in: GROSART, A.B. (ed.) The Works of Richard Sibbes. 7 vol. Edinburgh: Banner of Truth, 1983, 4:518.

6   Ibid., 4:504.

a fazê-lo vez após vez na sua tolice e pecado. "Depois de sermos chamados, como ainda provocamos a Deus!", pregou Goodwin. "É assim com todos os cristãos. [...] Mas ainda somos salvos, porque o amor de Deus é invencível. Ele vence todas as dificuldades".[7]

Talvez, olhando os fatos da sua vida, você não saiba fugir da conclusão de que a misericórdia de Deus em Cristo não o alcança. Talvez você tenha sido profundamente violentado. Mal compreendido. Traído por quem você deveria poder confiar. Abandonado. Explorado. Talvez você carregue uma dor que nunca será curada até o dia da sua morte. Você pode pensar: "Se a minha vida é para ser a prova da misericórdia de Deus em Cristo, eu não estou impressionado."

Para você eu digo que a prova da misericórdia de Cristo para com você não é a sua vida. A prova da sua misericórdia para com você é a vida dele — ele foi violentado, mal compreendido, traído e abandonado. Eternamente. No seu lugar.

Se Deus enviou o seu próprio Filho para trilhar o vale da condenação, rejeição e inferno, você pode confiar nele para trilhar os seus vales no caminho para o céu.

Talvez você tenha dificuldades de receber a rica misericórdia de Deus em Cristo não por causa do que os outros lhe fizeram, mas por causa do que você fez para bombardear a sua vida, talvez numa única decisão estúpida, talvez em milhares de pequenas decisões estúpidas. Você desperdiçou a misericórdia dele e sabe disso.

Para você, eu digo: você sabe o que Jesus faz com quem desperdiça a misericórdia dele? Ele lhe dá mais misericórdia ainda. Deus é rico em misericórdia. Essa é a ideia.

---

7   GOODWIN, *Works*, 2:175.

Quer alguém tenha pecado contra você, quer você tenha pecado e caído na miséria, a Bíblia diz que Deus não é mão de vaca com a sua misericórdia, mas sim mão aberta. Não é econômico, mas sim gastador. Não é pobre, mas sim rico.

Deus ser rico em misericórdia significa que as suas regiões de mais profunda vergonha e remorso não são hotéis que a misericórdia divina visita, mas lares em que ela mora.

Significa que as coisas em você que mais o afastam, mais apertam o abraço dele.

Significa que a misericórdia dele não é calculista e cautelosa como a nossa. É irrestrita, transbordante, extravagante e magnânima.

Significa que a nossa persistente vergonha não é um problema para ele, mas sim o material que ele mais ama trabalhar.

Significa que os nossos pecados não fazem o seu amor estancar. Os nossos pecados fazem o seu amor nos envolver ainda mais.

Significa que, no dia em que estivermos diante dele, calmamente e sem pressa, vamos chorar de alívio, chocados com a visão tão pobre que tínhamos de seu coração rico em misericórdia.

20

Nossos corações de legalidade e seu coração de liberalidade

O Filho de Deus, que me amou...
GÁLATAS 2.20

HÁ DUAS formas de viver a vida cristã. Você pode viver *para* o coração de Cristo ou *a partir* do coração de Cristo. Você pode viver para o sorriso de Deus ou a partir dele. Para uma nova identidade como filho ou filha de Deus ou a partir dela. Para sua união com Cristo ou a partir dela.

A batalha da vida cristã é alinhar o seu coração com o de Cristo, isto é, acordar toda manhã e substituir sua mentalidade natural de órfão por uma mentalidade de livre e plena adoção na família de Deus por meio da obra de Cristo, seu irmão mais velho, que o amou e se entregou por você por conta da plenitude transbordante de seu gracioso coração.

Imagine um garoto de doze anos sendo criado numa família saudável e amorosa. À medida que cresce, sem ser culpa de seus pais, ele se vê tentando assegurar um lugar na família para si. Uma semana ele tenta criar uma nova certidão de nascimento. Na próxima ele dedica todo seu tempo livre para limpar a cozinha. Na semana seguinte ele tenta imitar o seu pai o máximo possível. Um dia seus pais questionam seu comportamento estranho. "Eu só estou fazendo de tudo para assegurar meu lugar na família, gente!" Como o pai responderia? "Calma lá, filho querido! Não tem nada que você pudesse fazer para merecer um lugar entre nós. Você é o nosso filho. Ponto final. Você não precisou fazer nada para entrar na família e não pode fazer nada agora para sair dela. Viva a sua vida sabendo que a sua filiação é firme e irreversível."

O propósito deste capítulo, por meio de uma reflexão no livro de Gálatas, é aplicar o coração de Cristo à nossa tendência crônica de funcionar com base numa sutil crença de que a nossa obediência fortalece o amor de Deus. Somos como esse garoto. E o nosso Pai responde com um amor corretivo.

Gálatas nos ensina que podemos nos acertar com Deus baseados no que Cristo fez e não no que nós fazemos. Assim, ajudar o evangelho é perder o evangelho. Por outro lado, a indagação central dessa carta não diz respeito a aprender isso pela primeira vez durante a conversão, mas a nos alertar como é fácil se distrair dessa verdade quando crentes. A questão de um Paulo perplexo é: "Sois tão insensatos assim, a ponto de, tendo começado pelo Espírito, estar agora vos aperfeiçoando pela carne?" (Gl 3.3). A mensagem central de Gálatas é que a liberalidade da graça e do amor de Deus não é apenas a entrada, mas toda a estrada da vida cristã.[1]

Ao longo da carta, Paulo explica a doutrina da justificação pela fé a fim de auxiliar os gálatas a viverem vidas cristãs

---

[1] Lutero é especialmente claro sobre isso em seu comentário merecidamente célebre em Gálatas. LUTERO, Martinho. *Gálatas*. Crossway Classic Commentaries. Wheaton: Crossway, 1998.

saudáveis. A justificação representa o lado objetivo da nossa salvação. Mas Paulo também fala do lado subjetivo da salvação, o amor de Cristo, como quando ele fala do "Filho de Deus, que me amou e se entregou por mim" (2.20). Uma vida cristã saudável se constrói com base tanto nas dimensões objetivas quanto nas subjetivas do evangelho — a justificação que flui da obra de Cristo e o amor que flui do coração de Cristo.

Porém, há uma relação entre os dois. Em março de 1767, o pastor e compositor de hinos John Newton escreveu a um amigo uma carta que dizia assim:

> Você não se surpreende de pensar, de vez em quando, que pode esperar que, pobre e necessitado como é, o Senhor pensa em você? Mas não deixe que tudo que sente o desencoraje. Pois, se o nosso Médico é onipotente, a nossa enfermidade não pode ser incurável, e se ele não lança fora ninguém que vem até ele, por que temer? Os nossos pecados são muitos, mas as suas misericórdias são muito mais; os nossos pecados são grandes, mas a sua justiça é muito maior; somos fracos, mas ele é poder. A maioria de nossas reclamações se devem à incredulidade e aos resquícios de um espírito de legalidade.[2]

Observe a forma que Newton fala de como, "pobre e necessitado como é, o Senhor pensa em você?" e o fato de que (citando João 6.37, explorado no capítulo 6) "ele não lança fora ninguém que vem até ele".Newton trata do coração de Cristo aqui. E veja o que ele diagnostica como a fonte básica de nossas resistências ao que Deus nos assegura: "um espírito de legalidade". É o palavreado do século 18 para se referir à justiça por obras ou ao legalismo, a inclinação inveterada, mas sutil, de buscar ganhar o favor de Cristo por meio de nosso comportamento.

---

2   NEWTON, John. *Cardiphonia*, in *The Works of John Newton*. 2 vol. Nova York: Robert Carter, 1847, 1:343.

Newton nos ajuda a ver que a única razão de termos uma consciência diminuída do coração de Cristo é que funcionamos cegamente com base num espírito de legalidade. Não percebemos como é natural para nós vivermos com base numa justiça pelas obras. No entanto, isso mata o nosso entendimento do coração de Cristo em nosso favor, porque esse espírito de legalidade filtra a nossa percepção de seu coração de acordo com nossa performance espiritual. Pense numa ventilação no seu quarto que esteja conectada a um ar condicionado. Se você fechar essa ventilação num dia quente de verão, o ar refrescante vai circular pelos dutos na sua casa, mas você não irá experimentá-lo porque você a fechou. Abrir a ventilação enche o seu quarto de frescor. O ar refrescante já estava lá, esperando ser provado. Mas você não se beneficiava dele.

Gálatas existe para abrir as ventilações do nosso coração a fim de que experimentemos a graça de Deus.

Mas esse amor e graça não são muito básicos? Nós cristãos já não sabemos disso?

Sim e não. Em Gálatas 3.10, Paulo fala algo tão impressionante que é fácil perder. O texto em português diz que: "todos os que são das obras da lei estão debaixo de maldição." A passagem continua e explica que isso acontece porque, se formos tentar nos justificar por nossa performance, ela precisará ser perfeita. Depois de assinarmos o pacote da lei para a salvação, a menor falha acaba com todo o projeto.

Vamos considerar o que Paulo quer dizer quando fala: "todos os que são das obras da lei estão debaixo de maldição" (3.10). O texto literalmente enfatiza o que é ser *das* obras. Paulo usa a mesma frase em Romanos 9.32, quando trata de Israel perseguir a lei "como que das obras" (ARA). Paulo não diz que aqueles que *fazem* as obras estão debaixo de maldição. Ele diz que quem é das obras está debaixo de maldição. Sem dúvida há um ponto em comum aqui e, em certa medida, se inclui o fazer. Mas ele fala de ser *das obras.*

Paulo está expondo quem mais profundamente somos. Não se trata do que você acredita doutrinariamente. Mas sim do que você é. Ser das obras não é deixar de fazer. É marchar na direção errada. É um certo espírito, um espírito de legalidade.

À medida que o evangelho se aprofunda em nós no decorrer do tempo, e entramos mais fundo no coração de Cristo, uma das primeiras cascas da nossa velha vida que o evangelho perfura é o *fazer* de obras para a aprovação. Mas há um outro nível mais profundo, um nível de instinto ou "de ser daquilo", que precisa ser desconstruído e abandonado também. Podemos passar o dia todo anunciando a futilidade de fazer boas obras para agradar a Deus, enquanto isso dizemos a coisa certa a partir de um coração "das obras". E o nosso natural "ser das obras" reflete não só uma resistência à doutrina da justificação pela fé, mas também, ainda mais profundamente, uma resistência ao próprio coração de Cristo.

Há toda uma infraestrutura psicológica subjacente a isso. Devido à Queda, ela manufatura constantemente uma chantagem relacional, um revirar de medo, um nervosismo, um marcar pontos, um controle neurótico, uma bobeira cheia de ansiedade que não são coisas que falamos ou mesmo pensamos, mas sim algo que exalamos. Você pode pressentir isso nas pessoas, embora alguns de nós sejamos habilidosos para escondê-lo. Se você investigar a fonte dessa correria apressada, bem a fundo, em todas as suas manifestações, não verá dificuldades de infância, ou um teste Myers-Briggs, ou impulsos freudianos. Você verá um déficit de evangelho. Descobrirá uma falta de verdadeira consciência do coração de Cristo. Toda preocupação, disfunção e ressentimento são o fruto natural de viver num universo mental legalista. Perceber o amor de Cristo é o que realmente traz descanso, cura, realização, shalom — aquela calma existencial que, por breves momentos lúcidos de compreensão do verdadeiro evangelho, faz com que você se acalme e o permite escapar da pressão de ser das obras. Você percebe, por um momento, que, em Cristo, você realmente é invencível. Cai a ficha do veredito — você é intocável. Agora você é dele, e ele nunca irá lançá-lo fora.

Viver com base numa resistência subconsciente abastecida pela lei ao coração de Cristo, que todos tendemos a pensar que evitamos bem (esses gálatas bobinhos!), é algo profundo, sutil e contagioso. É mais contagioso que os momentos ocasionais de justiça por obras deliberada indicariam. Esses momentos de autoconsciência na verdade são dons da graça e não devem ser ignorados. Mas eles são apenas a ponta superficial de um iceberg invisível. São sintomas superficiais. A legalidade, o ser das obras, é por sua própria natureza indetectável porque é natural, e não artificial, para nós. Parece normal. "Ser das obras" para pessoas caídas é o que a água é para um peixe.

E o que o evangelho diz? Ele coloca as seguintes palavras na nossa boca: "o Filho de Deus [...] me amou e se entregou por mim". O coração dele *por mim* não conseguiu se reter nos céus. Os nossos pecados obscurecem o nosso sentir de seu gracioso coração, mas o seu coração não pode ser diminuído pelo seu povo devido a seus pecados, não menos que a existência do sol pode ser ameaçada pela passagem de algumas nuvens passageiras ou mesmo de uma extensa tempestade. O sol brilha. Ele não pode parar. Nuvens ou não — pecado ou não —, o terno coração de Cristo ainda brilha sobre mim. É uma afeição imperturbável.

E o grosso do ensino do Novo Testamento é que eu sou definido pelo sol do coração de Cristo, e não pelas nuvens dos meus pecados. Quando somos unidos a Cristo, a punição de Cristo na cruz se torna a minha punição. Em outras palavras, o juízo final que espera todos os seres humanos já aconteceu para quem está em Cristo. Nós que estamos em Cristo não mais olhamos para o futuro aguardando pelo juízo, mas para o passado. Na cruz, vemos a nossa punição acontecendo, todos os nossos pecados sendo punidos em Jesus. O seu eu amado e restaurado assim supera, ultrapassa, engole o seu eu antigo. E não o contrário.

E a vida cristã é simplesmente o processo de trazer minha autopercepção, minha Identidade com "I" maiúsculo, o ego, o meu mundo interior rodopiante de pânico agitado, causado por déficit de evangelho, em conformidade com a verdade mais fundamental. O evangelho é o convite a deixar o coração de Cristo nos acalmar e alegrar, pois já fomos descobertos, incluídos e aceitos. Podemos trazer nossos altos e baixos de performance moral e submetê-los à firmeza estabilizada do que Jesus sente por nós.

Somos pecadores. Nós pecamos — não só no passado, mas no presente; não só por nossa desobediência, mas por nossa obediência "das obras". Somos perversamente resistentes a permitir que Cristo nos ame. Porém, como Flavel diz: "Por que você seria tão inimigo da sua própria paz? Por que você ignoraria as evidências do amor de Deus à sua alma [...]? Por que você planeja fugas e rejeita aqueles confortos que lhe são devidos?"[3]

No evangelho, somos livres para receber os confortos que nos são devidos. Não os desligue. Abra a ventilação do

---

3   FLAVEL, John. *Keeping the Heart*: How to Maintain Your Love for God. Fearn, Scotland: Christian Focus, 2012, p. 94.

seu coração para o amor de Cristo, que o amou e se entregou por você.

Os nossos corações legalistas relaxam quando o coração de graça dele chega em casa — chega a nós.

21

Ele nos amou naquela época, ele nos amará agora

Deus prova o seu amor para conosco.
ROMANOS 5.8

UMA COISA É acreditar que Deus tirou e perdoou todas as nossas falhas passadas antes de nosso novo nascimento. Isso é um milagre da misericórdia, indizivelmente rico. Mas esses pecados foram cometidos quando ainda estávamos na ignorância, afinal de contas. Não tínhamos virado novas criaturas, fortalecidos com novo poder para andar na luz e honrar o Senhor com nossas vidas.

Outra coisa é acreditar que Deus continua, com a mesma liberalidade, a deixar de lado todas as nossas falhas presentes que acontecem após nosso novo nascimento.

Talvez, como crentes hoje, saibamos que Deus nos ama. Realmente acreditamos nisso. Mas se fôssemos examinar mais de perto como realmente nos relacionamos com o Pai momento a momento — o que revela a nossa real teologia, o que quer que digamos crer no papel —, muitos de nós tendemos a acreditar que é um amor cheio de desapontamento. Ele nos ama, mas é um amor tacanho. Nós o vemos olhar lá de cima com afeição paternal, mas com sobrancelhas um pouco arqueadas, como se perguntasse: "Como eles ainda conseguem falhar depois de tudo que fiz por eles?" Agora pecamos "contra a luz", como diriam os puritanos; conhecemos a verdade e o nosso coração foi fundamentalmente transformado, mas ainda pecamos. E os ombros da nossa alma ainda estão encolhidos na presença de Deus. Novamente, isso é resultado de projetarmos nossa própria capacidade de amar sobre Deus. Não conhecemos o seu mais genuíno coração.

E é por isso que Romanos 5.6-11 está na Bíblia:

> Ora, quando ainda éramos fracos, Cristo morreu pelos ímpios no tempo adequado. Porque dificilmente haverá quem morra por um justo; pois talvez alguém até ouse morrer por quem faz o bem. Mas Deus prova o seu amor para conosco ao ter Cristo morrido por nós quando ainda éramos pecadores. Assim, agora justificados pelo seu sangue, muito mais ainda seremos por ele salvos da ira. Porque se nós, quando éramos inimigos, fomos reconciliados com Deus pela morte de seu Filho, muito mais, estando já reconciliados, seremos salvos pela sua vida. E não somente isso, mas também nos gloriamos em Deus por meio de nosso Senhor Jesus Cristo, pelo qual recebemos agora a reconciliação.

Uma consciência cristã é uma consciência sensibilizada. Agora que conhecemos Deus como Pai, agora que nossos olhos se abriram para nossa rebelião traidora contra nosso Criador, sentimos mais profundamente que nunca o horror do pecado. A falha espiritual faz a alma ranger como nunca. Então, logo depois de um parágrafo se regozijando nas bênçãos da graciosa redenção de pecadores operada por Deus (Rm 5.1-5), Paulo pausa para nos convencer de como podemos ter certeza da presença e do favor permanentes de Deus (5.6-11).

Por três vezes seguidas, no segundo parágrafo de Romanos 5, Paulo fala quase a mesma coisa:

> ... *quando ainda éramos fracos*, Cristo morreu pelos ímpios no tempo adequado (5.6);
>
> Ter Cristo morrido por nós *quando ainda éramos pecadores* (5.8);
>
> ... se nós, *quando éramos inimigos*, fomos reconciliados com Deus pela morte de seu Filho (5.10)

Para dizer o mesmo ao contrário: Jesus não morreu por nós depois de nos tornarmos fortes (5.6); ele não morreu por nós depois de começarmos a vencer a nossa pecaminosidade (5.8); Deus não se reconciliou conosco depois de sermos amigáveis com ele (5.10).

Deus não negociou. Ele se recusou a esperar, cauteloso, e avaliar o nosso valor. O coração dele não é assim. Ele e seu Filho tomaram a iniciativa. Por graça, e graça somente. Desafiando o que merecíamos. Quando nós, mesmo com nossos sorrisos e educação, corríamos de Deus o mais rápido que podíamos, construindo nossos reinos e amando a nossa glória, devorando os prazeres fraudulentos do mundo, enojados com a beleza de Deus e fechando os ouvidos aos seus chamados para casa — foi aí, no horror vazio dessa existência revoltante, que o príncipe celestial se despediu dos anjos que o adoravam. Foi aí que ele se colocou nas mãos assassinas desses rebeldes, numa estratégia divina planejada desde a eternidade passada para purificar pecadores enlameados e abraçá-los de coração, apesar de sua tentativa esquálida de se libertarem e se limparem sozinhos. Cristo foi até à morte — "pelo sofrimento voluntário de uma angústia inexprimível",[1] nas palavras de Warfield — enquanto aplaudíamos. Não podíamos ligar menos. Somos fracos. Pecadores. Inimigos.

Foi somente depois que tudo aconteceu, só quando o Espírito Santo inundou nosso coração, que paramos para perceber: ele passou pela *minha* morte. E ele não apenas morreu. Ele foi condenado. Ele não apenas deixou o céu por mim; ele passou pelo inferno por mim. Ele, não merecendo a condenação, a absorveu em meu lugar — eu, que era o único que a merecia. *Esse* é o coração dele. E em nossa alma vazia, como um copo de água fria para uma boca seca, Deus derramou o seu Espírito Santo para internalizar a real experiência do amor de Deus (v. 5).

Qual foi o propósito dessa missão de resgate celestial? "Deus prova seu amor para conosco" (v. 8). A palavra grega para "provar" aqui significa demonstrar, exibir, trazer à vista, tirar todo questionamento. Na morte de Cristo, Deus está confrontando nossos pensamentos obscuros sobre ele e nossa insistência crônica de que o amor divino precisa ter um ponto final, um limite, uma hora em que seca. Cristo morreu para confundir as nossas suposições intuitivas de que o amor divino tem prazo de validade. Ele morreu para provar que o amor de Deus é, como disse Jonathan Edwards, "um oceano sem margens, nem fundo".[2] O amor de Deus é tão ilimitado quanto Deus. É por isso que o apóstolo Paulo fala do amor divino como uma realidade que se estende por imensuráveis

---

1   WARFIELD, B.B. *The Person and Work of Christ*. Oxford: Benediction Classics, 2015, p. 134.

2   EDWARDS, Jonathan. "That God Is the Father of Lights," in MCMULLEN, Michael (ed.) *The Blessing of God*: Previously Unpublished Sermons of Jonathan Edwards. Nashville: Broadman, 2003, p. 350.

"largura, comprimento, altura e profundidade" (Ef 3.18) — a única coisa no universo tão imensurável quanto o próprio Deus. O amor de Deus é tão expansivo quanto Deus.

Para deixar de amar os seus, Deus precisaria deixar de existir, porque Deus não apenas tem amor. Ele é amor (1Jo 4.16). Na morte de Cristo por pecadores, Deus pretende colocar seu amor por nós fora de questionamentos.

Essa é a melhor notícia na história do mundo. Mas nem mesmo isso é o principal objetivo de Paulo nos versículos de 6 a 11. Ele está buscando outra coisa.

Qual é o principal ponto de Paulo em Romanos 5.6-11? Não é a obra passada de Deus, em primeiro lugar. O maior objetivo de Paulo é nos assegurar no aqui e agora, com base nessa obra passada. Ele levanta a questão da obra passada de Cristo para chegar ao seguinte ponto: se Deus fez isso naquela época, quando você era tão desprezível e tinha zero interesse nele, então com o que você se preocupa agora? O objetivo central dos versículos de 6 a 11 se percebe no "assim" do versículo 9 (observe como todo o parágrafo gira em torno desse ponto): "*Assim*, agora justificados pelo seu sangue" — e veja agora a preocupação marcante de Paulo — "muito mais ainda seremos por ele salvos da ira." O versículo 10 desenvolve ainda mais o mesmo ponto: "Porque se nós, quando éramos inimigos, fomos reconciliados com Deus pela morte de seu Filho" — observe o ponto mais uma vez — "muito mais, estando já reconciliados, seremos salvos pela sua vida."

A linguagem de ser "salvo" nos versículos 9 e 10 antecipa a salvação definitiva, não se referindo ao momento da conversão nesta vida, mas à entrada na presença de Deus na próxima. Paulo está dizendo que é impossível ser verdadeiramente justificado na conversão sem que Deus nos garanta até o céu. A conversão não é um novo começo. A conversão, a autêntica regeneração, é um futuro invencível. Éramos inimigos quando Deus veio e nos justificou; quanto mais Deus irá cuidar de nós agora que somos amigos — na verdade, filhos? Como John Flavel coloca, "assim como Deus não nos escolheu pela primeira vez porque estávamos no alto, ele não irá nos abandonar agora que estamos lá embaixo".[3]

Quão facilmente nós, que fomos unidos a Cristo, nos perguntamos o que Deus pensa de nossos fracassos agora. A lógica de Romanos 5 é: por meio de seu Filho, ele se aproximou de nós quando o odiávamos. Será que ele continuará distante agora que esperamos poder agradá-lo?

Ele prontamente sofreu por nós quando éramos fracassados, órfãos. Será que ele irá cruzar os braços por nossas falhas agora que somos seus filhos adotados?

O seu coração era manso e gentil para conosco quando éramos perdidos. Será que o seu coração será diferente agora que fomos achados?

Quando ainda éramos... até nessa bagunça ele nos amou. Ele nos amará em nossa bagunça agora. A nossa própria agonia ao pecar é fruto de nossa adoção. Um coração frio não se importaria. Não somos quem éramos.

Quando você pecar, faça um trabalho de arrependimento completo. Odeie mais uma vez todo tipo de pecado. Consagre-se novamente ao Espírito Santo e a seus puros caminhos. Mas rejeite a sugestão diabólica de que o terno coração de Deus por você se tornou um pouco mais frio, um pouco mais duro. Ele não se frustra com sua pecaminosidade. O maior desapontamento

---

3   FLAVEL, John. *Keeping the Heart: How to Maintain Your Love for God*. Fearn: Christian Focus, 2012, p. 43.

dele com você são seus pensamentos rasos sobre o coração dele. Cristo morreu, esbanjando na sua frente o amor de Deus.

Se você está em Cristo — e somente uma alma em Cristo se perturbaria por ofendê-lo —, os seus desvios não ameaçam o seu lugar no amor de Cristo mais do que a própria história pode ser revertida. A parte mais difícil já foi. Deus já executou tudo que é necessário para assegurar a sua eterna felicidade, e isso quando você ainda era órfão. Nada pode te deserdar agora. Nem mesmo você. Quem está em Cristo está preso eternamente dentro do terno coração de Deus. Seremos menos pecadores na vida futura do que agora, mas não estaremos mais seguros na vida futura que agora. Se fomos unidos a Cristo, já vale dizer que estamos no céu. Como Spurgeon pregou:

> Cristo te amou antes de todos os mundos. Muito antes da estrela da manhã lançar seu raio pelas trevas, antes das asas angelicais tocarem o virgem éter, antes de uma partícula da criação emergir do ventre do nada, Deus, o nosso Deus, dispôs o seu coração para todos os seus filhos.
>
> Desde então, ele alguma vez vacilou, alguma vez desistiu, alguma vez mudou? Não. Vocês que provaram do seu amor e conheceram a sua graça me darão bom testemunho de que ele foi um amigo certo em circunstâncias incertas [...]
>
> Você frequentemente o deixou. E ele, já te deixou? Você teve muitas provações e problemas. E ele, já te abandonou? Ele alguma vez desviou seu coração e fechou as entranhas de sua compaixão? Não, caro filho de Deus, é seu dever solene dizer "não" e testemunhar a fidelidade do Senhor.[4]

---

4 SPURGEON, Charles. "A Faithful Friend," in: *Sermons of C. H. Spurgeon*. Nova York: Sheldon, Blakeman, 1857, p. 13–14.

22

Até o fim

Tendo amado os seus que estavam no mundo, amou-os até o fim.

João 13.1

"O AMOR DE CRISTO não cessa, nem pode ser tentado a cessar por qualquer coisa que aconteça, ou que acontecerá, com a pessoa amada",[1] escreveu Bunyan. O que estamos vendo nesses últimos capítulos é que o coração de Cristo para pecadores e sofredores não brilha de relance com ternura ocasionalmente ou temporariamente, definhando com o tempo. A mansidão e a humildade de coração é quem Cristo é firmemente, consistentemente, eternamente, mesmo quando toda amabilidade em nós secar.

Como sabemos disso?

Sabemos disso por causa do que João 13.1 diz, aquilo que é narrado em detalhes nos últimos capítulos de todos os quatro Evangelhos: Jesus chegou ao precipício da cruz e não mudou de ideia. Ele entrou de cabeça.

---

1   BUNYAN, John. *The Saints' Knowledge of the Love of Christ* in OFFOR, G. (ed.) *The Works of John Bunyan.* 3 vol. Edinburgh: Banner of Truth, 1991, 2:17.

Proporcionalmente, o Evangelho de João é o que dedica mais espaço à semana final de vida de Jesus. E é o primeiro versículo do capítulo 13 que inicia essa extensa seção final desse Evangelho. A afirmação de João de que Jesus amou os seus até o fim inicia a narrativa da paixão, e a denúncia e a crucificação de Cristo são a demonstração histórica do que se resume em João 13.1. E o ponto de João 13.1 é que, ao ir para a cruz, Jesus não retém algo para si, da forma que tendemos a fazer quando buscamos amar os outros sacrificialmente. Ele não ama como nós amamos.

Nós amamos até sermos traídos. Jesus segue para a cruz, mesmo depois de ser traído. Nós amamos até sermos rejeitados. Jesus ama até durante a rejeição.

Nós amamos até um limite. Jesus ama até o fim.

O que João 13.1 diz a quem peca e a quem sofre ao dizer essas poucas palavras "até o fim"? É um ponto semelhante à primeira metade de Romanos 5, que consideramos no capítulo passado. O foco ali é mais objetivo, à medida que Paulo desenvolve a sua doutrina da justificação a partir de Romanos 3 até o fim de Romanos 5. Aqui no Evangelho de João encontramos encorajamento semelhante, mas é mais subjetivo, focado no amor de Jesus. Romanos 5 nos diz que nos abandonar seria uma violação da justiça de Deus. João 13 diz que nos abandonar seria uma violação do próprio coração de Cristo.

Nós lemos o seguinte:

> Ora, antes da Festa da Páscoa, sabendo Jesus que era chegada a sua hora de passar deste mundo para o Pai, tendo amado os seus que estavam no mundo, amou-os até ao fim. (Jo 13.1)

Jesus sabe que isso é o começo do fim para ele. Ele está entrando no capítulo final e no vale mais profundo de seu ministério terreno. Ele sabia "que era chegada a sua hora de passar deste mundo para o Pai". João então pausa e faz uma comovente reflexão que abrange de seu ministério até a sua semana final. Olhando para trás, João diz que Jesus tinha "amado os seus que estavam no mundo". Olhando adiante, "amou-os até ao fim."

O ministério de Jesus até esse ponto fora extremamente exigente — fisicamente, ele ficou cansado e faminto; relacionalmente, ele foi mal compreendido e maltratado por seus amigos e família; publicamente, ele foi encurralado e acusado pela elite religiosa. Mas o que é isso tudo comparado ao que estava adiante dele? O que é um chuvisco comparado a se afogar? O que é um grito de insulto quando você está a caminho da guilhotina?

Considere exatamente o que estava por vir. Jesus fizera sem pestanejar toda a vontade de seu Pai. Porém, o tempo todo, ele sabia que tinha o prazer e o favor de seu Pai. Isso fora pronunciado sobre ele (Mt 3.17; 17.5). Agora, o seu pior pesadelo iria cair sobre ele. O próprio inferno — não metaforicamente, mas realmente o horror da condenação e das trevas e da morte — estava revelando suas garras.

O que *aconteceu* na cruz, para nós que dizemos ser seus beneficiários?

É claro que está além de nossa compreensão. Uma criança de três anos não pode compreender a dor que um cônjuge sente ao ser traído. Quanto menos deveríamos compreender o que significa para Deus canalizar o juízo acumulado por toda a pecaminosidade de seu povo sobre um único homem. Entretanto, ao refletir o que sentimos com relação a quem é responsável por um ato inimaginavelmente abusivo contra uma vítima inocente nos dá um gostinho do que Deus sentiu com relação a Cristo quando ele, como último Adão, se colocou em nosso lugar por conta dos pecados do povo de Deus. A justa ira humana que sentimos — a ira que seria errado *não* sentirmos — é uma gota no oceano da justa ira divina que o Pai descarregou.

Afinal, Deus puniu Jesus por causa do pecado não só de uma pessoa, mas de muitas. O que deve significar quando Isaías fala sobre o servo que "o SENHOR fez cair a maldade *de todos nós* sobre ele" (Is 53.6)? O que foi para Cristo engolir a perversidade acumulada, o orgulho, o ódio natural a Deus, dos eleitos? Como deve ter sido a soma total da justa ira divina, gerada não só pelo pecado de um homem, mas "pela maldade de todos nós", esmagando uma única alma?

É uma especulação, mas eu não consigo acreditar que foi um extremo físico que matou Cristo. O que é a tortura física quando comparada a absorver todo o peso de séculos de ira acumulada? Aquela montanha de atrocidades empilhadas? Como Jesus ao menos reteve a sanidade psicologicamente ao absorver a penalidade total de cada pensamento e obra pecaminosos provindos dos corações do povo de Deus — e esse é só um dentre vários pecados? Talvez tenha sido o puro desespero que o levou à morte. Se ele estava suando sangue ao *pensar* no abandono divino (Lc 22.44), o que seria passar por isso? Não seria a retirada do amor de Deus do seu coração, e não a falta de ar em seus pulmões, que o matou? Quem poderia manter a sanidade mental enquanto bebia o que o povo de Deus merecia? Segundo Warfield, "na presença de sua angústia mental, as torturas físicas da crucificação tomam segundo plano e podemos muito bem crer que o nosso Senhor, embora morresse na cruz, não morreu da cruz, mas sim, como normalmente dizemos, morreu de um coração partido".[2] Foi o sofrimento do coração de Cristo que ultrapassou o que a sua forma física poderia aguentar.

Richard Bauckham, estudioso do Novo Testamento, observa que, embora Salmos 22.1 ("Deus meu, Deus meu, por que me desamparaste?") fosse originalmente escrito em hebraico, Jesus o pronunciou em aramaico e assim se apropriou pessoalmente dele.[3] Jesus não estava simplesmente repetindo a experiência de Davi mil anos atrás, como um paralelo conveniente. Pelo contrário, cada clamor angustiado de Salmos 22.1 ao longo dos milênios foi recapitulado, cumprido e aprofundado em Jesus. Ele era o verdadeiro Salmos 22.1 e os nossos são as sombras. Como povo de Deus, todos os nossos *sentimentos* de rejeição foram canalizados em um coração humano real num único momento de horror angustiante no Calvário, uma rejeição real.

Quem poderia aguentar embaixo disso? Quem não iria clamar e morrer depois disso?

Quando a comunhão de Deus foi o oxigênio da vida de uma pessoa, a sua comida e bebida, por toda a sua vida, sem um único momento de interrupção por conta do pecado — o que seria então aguentar o peso inexprimível de todos os nossos pecados de repente? Quem poderia sobreviver a isso? Perder aquela profundidade de comunhão *já era* morrer. O grande amor no coração do universo se partiu em dois. A Luz do mundo se apagara.[4]

---

2   WARFIELD, B.B. *The Person and Work of Christ*. Oxford, UK: Benediction Classics, 2015, p. 133.

3   BAUCKHAM, Richard. *Jesus and the God of Israel*: God Crucified *and Other Studies on the New Testament's Christology of Divine Identity*. Grand Rapids: Eerdmans, 2008, p. 255–256.

4   Isso não quer dizer que o Filho perdeu absolutamente o amor do Pai, pois a Trindade não pode se romper, nesse sentido. Embora sejam três pessoas, ainda há um só Deus, então precisamos ter cuidado sobre

Ao dar vazão a essa ira justa Deus não estava batendo numa árvore moralmente neutra. Ele estava rachando o Amado. A própria Beleza e a própria Bondade foram maculadas e vilipendiadas. "Aflito, ferido por Deus e oprimido" (Is 53.4).

De modo que nós, os horríveis, pudéssemos ser gratuitamente embelezados, perdoados e acalmados. O nosso céu por meio do inferno dele. A nossa entrada no Amor por meio da perda dele desse mesmo Amor.

Isso é o que significa amar até o fim. Passar pelo terror da cruz e beber até a última gota da enchente de corrupção, dos séculos de pecado, de tudo que é revoltoso até aos nossos olhos.

Mas por que ele passaria por isso? Por que ele passaria pelo terror da condenação infernal quando era a única pessoa que não merecia isso?

O texto nos diz. "Tendo *amado* os seus [...] *amou-os* até ao fim." Bunyan nos introduz às dinâmicas de seu amor:

> É comum para iguais amar e para superiores serem amados; porém, para o Rei dos príncipes, para o Filho de Deus, para Jesus Cristo amar o homem assim: isso é incrível e ainda mais porque o homem, objeto de seu amor, é tão

---

como falamos sobre as relações entre o Pai e o Filho. Pelo contrário, é dizer que a experiência do Filho *como ser humano real*, estando no lugar dos eleitos, foi a de perder a percepção do amor de Deus e de provar um canal aberto de comunhão com o Pai. Sobre isso, ver especialmente TURRETIN, Francis. *Institutes of Elenctic Theology*. 3 vol. Trad. G. M. Giger. Phillipsburg: P&R, 1997, no tópico 14 no qual (no v. 2) é "o ofício mediatorial de Cristo", em que Turretin explica a cruz como a perda da experiência do amor do Pai, mas não a perda absoluta do amor do Pai. Seguindo de perto a linguagem das narrativas da Paixão, a rejeição da cruz deveria ser primariamente entendida como o abandono de Jesus (representando a humanidade pecaminosa) por Deus, e não primariamente do Filho divino pelo Pai.

baixo, tão vil, tão imerecedor e tão desprezível, como as Escrituras em todo lugar lhe descrevem.

Ele é chamado de Deus, o Rei da glória. Mas quem por ele é amado é chamado de transgressor, pecador, inimigo, pó e cinza, inseto, verme, sombra, vapor, vil, imundo, pecaminoso, impuro, tolos ímpios, loucos. E não nos causaria surpresa, e não nos afetaria, de modo a dizermos: tu vais colocar teus olhos sobre estes? Mas quanto mais quando descobrimos que ele vai colocar seu *coração* sobre nós?

O amor nele é essencial ao seu ser. Deus é amor; Cristo é Deus; portanto, Cristo é amor, *naturalmente amor*. Ele só deixaria de amar caso deixasse de existir [...]

O amor de Cristo requer não levar em conta a beleza no objeto amado. Ele pode agir de si e por si, sem qualquer dependência. O Senhor Jesus dispõe seu coração a amá-los.[5]

Observe a forma que Bunyan fala do amor de Cristo como se tratando de ele dispor o coração para nós. Quando o apóstolo João nos diz que Jesus amou os seus até o fim, ele está tirando o véu para nos permitir perscrutar as profundezas de quem Jesus é. O seu coração pelos seus não é como uma flecha, que se atira rápido, mas cai igualmente rápido; ou um corredor, rápido na partida, mas que logo perde o ritmo e fraqueja. O coração dele é como uma avalanche que ganha forças com o tempo, como um incêndio florestal, se intensificando à medida que se espalha.

Cristo não é assim indiscriminadamente. O texto diz que é "os seus" que ele ama até o fim. "Os seus" é uma expressão utilizada ao longo de João para se referir aos verdadeiros discípulos de Cristo, os filhos de Deus. Em João 10, por exemplo,

---

5 BUNYAN, *Works*, 2:16–17; grifo no original.

Jesus fala de seus seguidores como suas ovelhas e diz que chama as suas ovelhas pelo nome (v. 3). Quanto aos que não são dele, Jesus é um juiz temível, cuja ira não pode ser apaziguada ou arrefecida; a Bíblia ensina que Jesus um dia se revelará "do céu com seus anjos poderosos em chama de fogo, punindo os que não conhecem a Deus e os que não obedecem ao evangelho de nosso Senhor Jesus" (2Ts 1.7-8). A passagem prossegue para dizer que aqueles que não pertencem a Cristo "sofrerão como castigo a perdição eterna" (1.9).

Contudo, para os seus, o próprio Jesus sofreu esse castigo. Ele dispôs seu coração para eles. Eles são dele. Segundo Owen, "mesmo o mais insignificante, mais fraco, mais pobre crente na terra é valorizado por Cristo mais que o mundo todo".[6]

Cristo amou os seus o tempo todo, até o ponto da morte. O que isso significa para você? Em primeiro lugar, significa que o seu futuro está seguro. Se você é dele, o céu e o alívio estão vindo, pois você não pode deixar de ser dele. Ele próprio o fez dele e você não pode escapulir do alcance dele.

Em segundo lugar, isso significa que ele amará *você* até o fim. Não só o seu futuro está seguro, com base na morte dele; o seu presente está seguro, com base no coração dele. Ele te amará até o fim, porque ele não aguenta fazer o contrário. Sem saída. Sem acordo pré-nupcial. Ele te amará até o fim — "até o fim de suas vidas, até o fim de seus pecados, até o fim de suas tentações, até o fim de seus medos".[7]

---

6   OWEN, John. *Communion with God*. Fearn, Scotland: Christian Heritage, 2012, p. 218.

7   BUNYAN, John. *The Work of Jesus Christ as an Advocate*, in *Works*, 1:201.

23

Enterrados no seu coração para sempre

...para mostrar nos séculos vindouros a suprema riqueza da sua graça, pela sua bondade para conosco.

Efésios 2.7

Qual é o sentido de tudo? Qual é o *telos*, o objetivo, a razão macro, a finalidade de nossas vidas pequeninas e ordinárias?

Temos boas razões, tanto bíblicas quanto históricas, para responder: "Glorificar a Deus."

Afinal, o que mais resta? Somos obras de arte, feitos para sermos belos e assim chamar atenção para o nosso artista. Simplesmente não fomos feitos para nada mais. Quando vivemos para glorificar a Deus, passamos à única forma verdadeiramente humana de viver. Nós funcionamos corretamente assim, como um carro funciona com gasolina, e não com suco de laranja. Além disso, que vida melhor haveria? Como é cansativa a miséria do eu. Como é energizante a alegria de viver por outro.

Todavia, se o objetivo final da nossa vida é glorificar a Deus, como chegamos até lá? Em outras palavras, se podemos concordar sobre o "por que" de nossas vidas, não deveríamos também concordar sobre o "como"? De que formas glorificamos a Deus? E, lá na eternidade, como Deus será glorificado, pelos séculos dos séculos?

Uma forma de glorificar a Deus é por nossa obediência a ele, nossa recusa de crer que somos entendidos e, em vez disso, confiar que o seu caminho é o caminho da vida. A Bíblia nos diz para vivermos de "maneira exemplar" entre os incrédulos "para que [...] observem as boas obras que vocês praticam e glorifiquem a Deus no dia da intervenção dele" (1Pe 2.12, NVI).

Neste último capítulo do nosso estudo do coração de Cristo, eu gostaria de considerar mais uma forma de glorificarmos a Deus, uma forma eterna. Jonathan Edwards será o nosso guia.

Em um de seus últimos sermões, Jonathan Edwards pregou: "A criação do mundo parece ter especialmente este fim em vista..." — agora, como você terminaria essa frase? Aqui está a resposta de Edwards:

> A criação do mundo parece ter especialmente este fim em vista: o Filho de Deus obter uma esposa, com quem poderia exercer plenamente a infinita benevolência de sua natureza e a quem ele poderia abrir e derramar, por assim dizer, toda a imensa fonte de benevolência, amor e graça que estava em seu coração, para assim ser Deus glorificado.[1]

---

1 EDWARDS, Jonathan. "The Church's Marriage to Her Sons, and to Her God," in KIMNACH, Wilson H. (ed.) *The Works of Jonathan Edwards*. Vol. 25. Sermons and Discourses, 1743–1758. New Haven: Yale University Press, 2006, p. 187. Edwards diz algo bem semelhante em sua explicação de Isaías 62.5 em "Notes on Scripture", in: STEIN, Steven J. (ed.) *The Works of Jonathan Edwards*. Vol. 15. New Haven: Yale University Press, 1998, p. 187.

Se você está familiarizado com Edwards, provavelmente sabe que uma das notórias ênfases do seu ministério e escrita era a glória de Deus. Ele era um pensador completa e distintivamente teocêntrico. Ele escreveu um tratado chamado *O fim para o qual Deus criou o mundo*, no qual argumentou esse único ponto de que o mundo existe para a glória de Deus.

Contudo, o que não é comum sabermos é o *como* isso acontecia, para Edwards. A citação acima é um exemplo. Deus fez o mundo para que o coração de seu Filho tivesse um canal. Não usamos muito palavras como *benevolência* atualmente. Significa a disposição de ser generoso e bom, uma bobina carregada com compaixão pronta a explodir. Imagine um rio represado, retido, engatilhado, pronto a irromper — essa é a generosidade no coração de Cristo. Ele é infinitamente benevolente, e a história humana é a oportunidade dele de "abrir e derramar, por assim dizer, toda a imensa fonte de benevolência, amor e graça". A criação do mundo e a queda destrutiva em pecado que clama por uma obra recreativa são a abertura da represa do coração de Cristo. E o transbordamento do coração de Cristo é como a glória de Deus avança e brilha mais do que seria de outro modo.

O arrebatamento nupcial entre Cristo e sua noiva começa nesta vida, até onde nossa pequena experiência permite. Mas a junção final de Cristo com sua noiva acontece bem no final da Bíblia, quando o céu vem à terra, "enfeitada como uma noiva preparada para seu noivo" (Ap 21.2). Na eternidade nós gozaremos da glória de Deus, mas, de novo, como? A resposta é: a glória de Cristo é preeminentemente vista e gozada no seu amor pelos pecadores.

David Brainerd, incansável e famoso missionário aos nativos americanos, morreu na casa de Edwards, no oeste de Massachusets, em outubro de 1747. Jonathan Edwards pregou o sermão no seu funeral. Refletindo sobre ver a Cristo na vida porvir, Edwards disse: "A natureza dessa glória que eles verão será tamanha que os atrairá e encorajará, pois eles não só verão infinita majestade e grandeza; mas infinita graça, condescendência e mansidão, e gentileza e doçura, igual à majestade". O resultado será que "a visão da grande majestade real de Cristo não lhes será aterrorizante, mas apenas servirá para aumentar seu prazer e surpresa". Mais especificamente:

> As almas dos santos que partiram com Cristo para o céu terão Cristo como que de peito aberto para eles, manifestando aquelas infinitas riquezas de amor para com eles, que estiveram ali desde a eternidade. [...] Eles comerão e beberão abundantemente, e nadarão no oceano de amor e serão eternamente engolidos naquele infinito resplendor, com os raios infinitamente suaves e doces do amor divino.[2]

A criação do mundo aconteceu para dar vazão ao gracioso coração de Cristo. E a alegria do céu é que gozaremos livremente e desobstruidamente desse coração para sempre.

E isso é bíblico?

Já consideramos em nosso estudo a expressão "rico em misericórdia", em Efésios 2.4. Você já parou para observar o que Paulo diz, no final dessa longa sentença (v. 7), ser a razão suprema da nossa salvação? Veja o que ele diz, depois de delinear nosso desesperador diagnóstico, quando deixados por conta própria:

> Mas Deus, que é rico em misericórdia, pelo imenso amor com que nos amou, estando nós ainda mortos em nossos

---

2   EDWARDS, Jonathan. "True Saints, When Absent From the Body, Are Present With the Lord," in *Works*, 25:233.

> pecados, deu-nos vida juntamente com Cristo (pela graça sois salvos), e nos ressuscitou juntamente com ele, e com ele nos fez assentar nas regiões celestiais em Cristo Jesus, para mostrar nos séculos vindouros a suprema riqueza da sua graça, pela sua bondade para conosco em Cristo Jesus.

O ponto da infinda vida eterna nos novos céus e na nova terra é para Deus "mostrar nos séculos vindouros a suprema riqueza da sua graça, pela sua bondade para conosco em Cristo Jesus."

Aqui estamos nós. Somos pessoas comuns, com nossas ansiedades, vivendo a vida, pecando e sofrendo, desviando-nos e retornando, cansando e nos desesperando, persistentemente nos afastando de perceber de coração o que vamos gozar eternamente se estivermos em Cristo.

Um texto como Efésios 2.7 realmente diz respeito às nossas vidas reais? *Ou é daquelas coisas sobre as quais só os teólogos escrevem?*

Ao concluirmos o nosso estudo do coração de Cristo, eu gostaria de me demorar nesse texto de Efésios 2.7 e considerar o que exatamente nos é oferecido neste pequeno texto, que simplesmente reflete o ensino da Escritura como um todo sobre qual é o nosso futuro.

"Para mostrar nos séculos vindouros a suprema riqueza da sua graça, pela sua bondade para conosco em Cristo Jesus" — o que isso significa para quem está em Cristo? Isso significa que um dia Deus nos fará entrar pelo guarda-roupa em Nárnia e lá estaremos, paralisados de alegria, deslumbramento, surpresa e alívio.

Isso significa que, quando estivermos lá, nunca mais seremos repreendidos pelos pecados desta vida, nunca receberemos olhares de desprezo e nunca ouviremos: "Pode aproveitar, só lembre-se que você não merece". O ponto do céu e da eternidade é justamente desfrutarmos "da sua graça, pela sua bondade". E se o ponto do céu é mostrar as riquezas imensuráveis de sua graça em bondade, podemos repousar em segurança, porque a única coisa que temíamos nos deixar de fora — o nosso pecado — apenas pode intensificar o espetáculo da graça e da bondade de Deus.

Isso significa que nosso pecado de hoje não é um obstáculo para aproveitarmos o céu. É o ingrediente chave para aproveitarmos o céu. Qualquer que seja a bagunça que tenhamos feito em nossa vida — isso faz parte da nossa glória, tranquilidade e resplendor final. Aquele ponto da nossa vida em que tudo foi por água abaixo — é aí que Deus em Cristo se torna mais real do que nunca nesta vida e ainda mais maravilhoso para nós na próxima. E aqueles que foram compulsivamente "puros" chegarão lá um dia e perceberão mais do que nunca quão profundamente seu pecado, justiça própria, orgulho e vários outros tipos de rebeliões voluntárias subconscientes estavam enterradas lá no fundo deles, e como até *isso* faz a graça bondosa de Deus voar, e lá estaremos, estupefatos com as grandezas de seu coração em nosso favor.

Se a sua graça em bondade é "suprema", então as nossas falhas nunca podem esgotar a sua graça. Aqueles momentos em que nos sentimos totalmente oprimidos pela vida é justamente onde vive o coração de Deus. Nossos recantos mais assombrados por fracasso e remorso são o local para onde o seu coração é atraído de forma mais inabalável.

Se a sua graça em bondade é marcada por "suprema *riqueza*" — contra uma graça medíocre, mediana — então os nossos pecados nunca podem esgotar o seu coração. Pelo contrário, quanto mais fracasso, mais o seu coração vem ao nosso encontro.

Efésios 2.7 não diz simplesmente "a suprema riqueza da sua graça", mas "a suprema riqueza da sua graça, *pela sua bondade* para conosco". A palavra grega para *bondade* aqui significa um desejo de fazer o que está a seu alcance para evitar todo desconforto em outra pessoa. É a mesma palavra usada em Mateus 11.30, em que Jesus diz: "meu fardo é *leve*." O fardo dele é bom, gentil. Sobre essa "bondade" em Efésios 2.7, Goodwin comenta: "a palavra aqui implica toda doçura, toda candura, toda amabilidade, todo candor, e toda bondade, e de todo o seu coração".[3]

A sua graça em bondade é "para conosco". Você pode traduzir isso como "para nós" ou até "sobre nós" ou "em nós". É pessoal, não abstrato. Seu coração, seus pensamentos, agora e na eternidade, são *para conosco*. A sua graça não é uma bolha em que precisamos dar um jeito de entrar. Ele envia a sua graça a nós pessoalmente, individualmente, eternamente. De fato, ele se envia — a graça não é uma "coisa" (lembrando que essa posição seria católica romana). Ele não envia a graça em abstrato, mas o próprio Cristo. É por isso que Paulo imediatamente adiciona: "em Cristo Jesus".

Falando de "em Cristo Jesus", você percebe o que é verdade para você se você está *em Cristo*? Quem está em união com ele tem a promessa de que toda a miséria assombrosa que infecta tudo — cada relacionamento, cada conversa, cada família, cada mensagem, cada despertar na manhã, cada trabalho, cada descanso — tudo — um dia será rebobinada e revertida. Quanto mais trevas e dor experimentamos nesta vida, maior resplendor e alívio teremos na próxima. Como um personagem de C. S. Lewis diz em *O grande abismo*, refletindo o ensino bíblico: "Isso é o que os mortais não entendem. Eles dizem sobre certo sofrimento temporal: 'Nenhuma beatitude futura pode

---

3   GOODWIN, Thomas. *The Works of Thomas Goodwin*. 12 vol. Grand Rapids, MI: Reformation Heritage, 2006, 2:277.

compensar isso', não sabendo que o céu, depois de alcançado, agirá retroativamente e tornará até aquela agonia em glória"[4]. Se você está em Cristo, você é eternamente invencível. Essa passagem fala de Deus ressuscitando os mortos, não ajudando feridos. E como ele ressuscita? "Seu amor derrama vida em nós", nos termos de John Owen.[5] O seu poder de ressurreição que flui para cadáveres é o próprio amor.

Efésios 2.7 está lhe dizendo que a sua morte não é um fim, mas um começo. Não uma parede, mas uma porta. Não uma saída, mas uma entrada.

O ponto de toda a história humana e da própria eternidade é mostrar o que não pode ser mostrado. Demonstrar o que não pode ser adequadamente demonstrado. Na era vindoura, desceremos ainda mais fundo na graça de Deus em bondade, para dentro de seu próprio coração, e quanto mais entendermos disso, mais perceberemos que está além da compreensão. Não dá para medir.

Para quem não está em Cristo, esta vida é a melhor que um dia terão. Para quem está em Cristo, aqueles para quem Efésios 2.7 é nada menos que a paisagem eterna logo após a próxima curva na estrada, essa vida é a pior que um dia terão.

> Na manhã da ressurreição, quando o Sol da Justiça se manifestar nos céus, brilhando em todo seu resplendor e glória, ele virá como noivo; ele virá na glória de seu Pai, com todos seus santos anjos.
>
> Haverá um alegre reencontro desse noivo glorioso com sua noiva. Então o noivo se manifestará em toda sua

---

4   LEWIS, C.S. *The Great Divorce*. New York: HarperCollins, 2001, p. 69. [Edição em português: *O grande abismo*. São Paulo: Vida, 2006.

5   OWEN, John. *On Communion with God* in GOOLD, W.H. (ed.) *The Works of John Owen*. Edinburgh: Banner of Truth, 1965, 2:63.

glória sem qualquer véu, e então os santos resplandecerão como o sol no reino de seu Pai e na destra de seu Redentor. Então, chegará o tempo em que Cristo docemente conduzirá sua esposa para entrar com ele no palácio de sua glória, que foi preparado para ela desde a fundação do mundo, e, por assim dizer, a toma pela mão e a traz para junto dele: e esse glorioso noivo e sua noiva, com todos os seus paramentos resplandecentes, sobem juntos para o céu dos céus. Toda a multidão dos gloriosos anjos espera por eles e esse Filho e a filha de Deus se apresentarão, com sua glória e alegria unidas, perante o Pai, no momento em que Cristo diz: "Aqui estou, e os filhos que Deus me deu": e ambos, nessa relação e união, juntos receberão a bênção do Pai, e daí em diante se regozijarão juntos, numa glória consumada, ininterrupta, imutável e eterna, em amor e num mútuo enlace, gozando juntos para sempre o amor do Pai.[6]

---

6   EDWARDS, Jonathan. "The Church's Marriage to Her Sons, and to Her God," in KIMNACH, Wilson, H. (ed.) *The Works of Jonathan Edwards*. Vol. 25. *Sermons and Discourses, 1743–1758*. New Haven Yale University Press, 2006, p. 183–84.

Epílogo

E AGORA?

Este livro falou sobre o coração de Cristo e de Deus. Mas o que vamos fazer agora?

A principal resposta é: nada. Perguntar: "Tudo bem, como aplico isso à minha vida?" seria uma banalização do ponto deste estudo. Se um esquimó ganha uma viagem para um lugar ensolarado, ele não chega ao quarto do seu hotel, entra na varanda e se pergunta como aplicar isso à vida dele. Ele simplesmente aproveita. Ele relaxa.

Mas ainda tem uma coisa para fazermos. Jesus diz em Mateus 11.28.

"Vinde a mim"

Por que não fazemos isso? Goodwin nos diz. É o ponto central sobre nosso estudo de Jesus:

> O que retém os homens é não conhecer a mente e coração de Cristo [...] A verdade é que ele se agrada mais de nós do que nós dele. O pai do filho pródigo foi o que chegou primeiro no alegre ponto de encontro. Você entendeu? Aquele que veio dos céus, como ele próprio diz no texto, para morrer por você, o encontrará mais do que no meio do caminho, como o pai do filho pródigo fez na descrição.

[...] Oh, então venha a ele. Se você conhecesse o coração dele, você viria.[1]

Vá a ele. Tudo que isso quer dizer é se abra para ele. Deixe ele te amar. A vida cristã se reduz a dois passos:

1. Vá a Jesus.
2. Repita o n. 1.

O que quer que esteja se desmoronando na sua vida, onde quer que você esteja preso, isso continua sendo verdade, inevitavelmente: o coração dele, sempre manso e humilde, é por você, pelo seu eu real. Então, vá a ele. Esse lugar na sua vida onde mais tem derrota, é ali que ele está; ele vive ali, bem ali, e o coração dele é por você. Não quando essas trevas passarem, mas em meio a essas trevas, ele é manso e humilde para com você.

A sua angústia é o lar dele. Vá a ele

"Se você conhecesse o coração dele, você viria."[2]

---

1   GOODWIN, Thomas. "Encouragements to Faith", in *The Works of Thomas Goodwin*. 12 vol. Grand Rapids, MI: Reformation Heritage, 2006, 4:223–224.
2   Ibidem.

Agradecimentos

ESTE LIVRO NÃO existiria sem as seguintes pessoas.

A minha esposa, Stacey. Só você sabe. Sua beleza é "o íntimo do coração, com um espírito gentil e tranquilo" (1Pe 3.4).

Meus irmãos, Eric e Gavin, singularmente cientes de meus pecados e lutas, ainda assim me amam. "Arão e Hur sustentavam-lhe as mãos, cada um de um lado" (Êx 17.12).

Meu pai, Ray, cuja vida e pregação me convenceram sobre o coração de Jesus. "Ouve teu pai, que te gerou" (Pv 23.33).

Drew Hunter, com quem eu tenho lido Goodwin pela última década, enviando citações um para o outro com as nossas descobertas sobre o coração de Cristo, surpreendidos juntos. "Não tenho ninguém como ele" (Fp 2.20, NVI).

Mike Reeves, que me introduziu a Thomas Goodwin, cujo ministério reflete o pulsar de Goodwin e que recupera as riquezas da história da igreja para nós hoje. "Todo escriba que aprendeu sobre o reino do céu é semelhante a um chefe de família que tira do seu tesouro coisas novas e velhas" (Mt 13.52).

Art Wittmann, com trinta e cinco anos a mais no caminho da vida do que eu, que por meio da oração e do amor me ajuda a me achar no caminho. "Do conselho sincero do homem nasce uma bela amizade" (Pv 27.9, NVI).

Lane Dennis, minha chefe, me forneceu o tempo necessário para meditar e escrever e que vive e lidera a Crossway de acordo com a realidade de Deus. "Desde agora a coroa da justiça está reservada [para você]" (2Tm 4.8).

Os meus colegas de Crossway, Justin Taylor, Dave DeWit, Lydia Brownback e Don Jones, que me encorajaram a escrever o livro e supervisionaram sua edição e produção. "Porque revigoraram o meu espírito" (1Co 16.18).

O Senhor Jesus, o de grande coração. Quem poderia imaginar que tu, o mais exaltado, és o mais terno? Meditar sobre o teu humilde coração para comigo fez correr lágrimas mais de uma vez durante a escrita deste livro. Lágrimas de surpresa, lágrimas de alívio. "Quem é este?" (Lc 8.25).

Este livro foi impresso pela Ipsis, em 2024, para
a Thomas Nelson Brasil. A fonte do miolo é Adobe
Caslon Pro. O papel do miolo é pólen bold 70g/m²,
o e da capa é couchê 150g/m².